以案说险

——金融知识教育宣传典型案例

本书编写组 编著

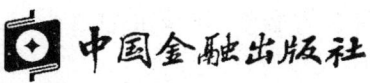

责任编辑：王雪珂
责任校对：潘　洁
责任印制：陈晓川

图书在版编目（CIP）数据

以案说险：金融知识教育宣传典型案例/本书编写组编著. —北京：中国金融出版社，2022.11

ISBN 978-7-5220-1798-3

Ⅰ. ①以… Ⅱ. ①本… Ⅲ. ①金融法—案例—中国 Ⅳ. ①D922.280.5

中国版本图书馆CIP数据核字（2022）第195714号

以案说险：金融知识教育宣传典型案例
YI AN SHUOXIAN：JINRONG ZHISHI JIAOYU XUANCHUAN DIANXING ANLI

出版
发行　中国金融出版社
社址　北京市丰台区益泽路2号
市场开发部　（010）66024766，63805472，63439533（传真）
网上书店　www.cfph.cn
　　　　　（010）66024766，63372837（传真）
读者服务部　（010）66070833，62568380
邮编　100071
经销　新华书店
印刷　保利达印务有限公司
尺寸　169毫米×239毫米
印张　15.25
字数　194千
版次　2022年11月第1版
印次　2023年2月第3次印刷
定价　56.00元
ISBN 978-7-5220-1798-3
如出现印装错误本社负责调换　联系电话（010）63263947

编委会

主　　　编　韩彦庆

副 主 编　王　敏　郭蓉芳　刘彤安

执 行 主 编　陈　曙

执行副主编　沈求曦　张　霞

编委会成员　郭天文　谢　谢　拓　洋　朱协童
　　　　　　陈　秋　高　洁　韩小曼　王　星
　　　　　　袁　敏　朱　锋　李　骊　党寒江
　　　　　　杨雪筠

前　言

受教育权是金融消费者的八项基本权利之一，它能帮助金融消费者提升金融素养，远离不法侵害。伴随着金融与科技的深度融合，金融产品更加多样，金融消费者获取途径更加便利、多元。但繁华背后隐藏暗流，各式涉及金融消费的诈骗花样不断翻新，骗局愈发专业、不易识破，手段愈发隐蔽、难以察觉。有的冒充银行客服、理财经理、投资顾问，甚至"国外女友""大使馆来电"，有的采用虚假APP、手机木马进行诈骗，有的蹭"比特币""元宇宙"热点设局，不一而足，不胜枚举。面对复杂专业的金融产品、防不胜防的消费陷阱，金融消费者如何做到擦亮眼睛，增强风险防范意识，合理规避金融风险，是汇编金融消费风险典型案例出版发行的意义所在。

本书精选涉及银行保险等金融机构的典型案例汇编成册，内容充实、主题明确，案例选题涵盖众多金融领域，聚焦当下热点、疑点、难点问题。你可以把它当作一本内容丰富的故事集锦，一种寓教于乐的教育读本，不需要专业的金融知识即可读懂，通过阅读仿佛让你穿上盔甲，拥有抵御侵害的武器，增进金融知识，提升金融素养。你一定很好奇此书究竟暗藏什么玄机，这里先带你一睹为快吧。

多口切入，场景覆盖广泛。案例选题覆盖校园贷款、电信诈骗、网络借贷、银行卡盗刷等众多金融领域，内容涉及当今社会热点、焦点、疑点问题，从消费者感兴趣的日常话题入手，引导消费者从多个视角中了解金融知识，提高风险意识和鉴别能力，全方位的开展金融消费者宣传教育。

置身其中，远离冰冷叙述。收录案例均为消费者身边真实发生的案例，通过浅显易懂的语言，向广大消费者普及金融知识，发布风险提示。本书是典型案例的汇编，在体例上不同于面向大众普及金融知识的理论读本，不同于研究人员论文的发行刊，而是具有鲜明的特色，注重针对性和实效性，真实接地气，代入感很强，这些案例以身边人、身边事为切入口，清晰介绍案情来龙去脉、处理结果或判决情况，坚持问题导向，深入剖析案情、分析主要争议焦点，将理论、法规与实际相结合，从消费者关注的角度解析金融消费关系，进行风险警示。

专业剖析，摆脱无所适从。文中作者均为保险、银行机构的专业人员，有着丰富的实际工作经验、具备一定的理论素养和专业知识，选取的案例多为贴近当下生活或关注度较高的热点、难点、疑点问题，涉及到的问题实务性强，与广大消费者的生活息息相关，文章作者通过专业角度剖析问题，抽丝剥茧、深入浅出，为消费者普及金融知识，提供风险警示。

消费者权益保护工作践行了以人民为中心的发展思想。近年来，陕西银保监局高度重视金融知识教育宣传工作，积极督促辖内银行保险机构将教育宣传活动纳入业务经营全流程。"以案说险"这一创新教育宣传形式，旨在运用好与群众生活息息相关的现实案例普及金融基础知识，揭示金融消费风险，发布消费者权益保护提示，提高风险防范意识。最后，希望此书的出版发行能让消费者拨开"迷雾"，提高警惕，炼就"火眼金睛"，帮助消费者提高识别风险和判断自身风险承受能力，同时对提升教育宣传覆盖面、强化消费者合法权益保护、提高消费者金融素养、促进金融消费市场健康发展发挥积极作用。

目　录

新型骗局套路深　提高警惕莫大意

1. 警惕"校园贷"陷阱 ·· 3
2. 警惕"虚拟币"骗局 ·· 8
3. 警惕虚假 App 骗局 ·· 12
4. 警惕"刷单"骗局 ··· 16
5. 慧眼识破网贷骗局 ··· 20
6. 警惕互联网保险营销陷阱 ··· 22
7. 谨防"代理全额退保"陷阱 ·· 27
8. 谨防以"激活信用卡"存钱的诈骗 ································ 31
9. 来自"大使馆"的诈骗电话 ·· 34
10. 信用贷款被骗走，新型诈骗需提防 ······························ 38
11. 网络投资陷阱多，提高警惕莫踩雷 ······························ 42
12. 被骗 390 万元，源自多轻信 ······································ 47

集资诈骗花样多　不生贪念财产安

1. 警惕利用疫情非法集资诈骗 ·· 53
2. 非法集资——身边的陷阱 ··· 56

3. 远离非法集资——拒绝高利贷诱惑 …… 59
4. 非法集资套路多，老年人开户要当心 …… 63
5. 谨防以"代理退保"为名的非法集资 …… 67
6. 守好你的"钱袋子" …… 71
7. 变味的"亲戚借款" …… 76
8. 理财账户资金不翼而飞，谁之过？ …… 81

银行账户守护好　酿成损失悔不迭

1. 规范用卡，做守法消费者 …… 87
2. 杜绝异常开户行为 …… 90
3. 警惕银行卡诈骗行为 …… 93
4. 买卖银行卡危害大 …… 96
5. 警惕冒名办卡风险 …… 101
6. 银行卡"隔空"盗刷要当心 …… 106
7. 警惕"出借""买卖"银行账户风险 …… 110
8. 买卖银行卡，面临牢狱之灾 …… 114
9. 谨防银行卡被"调包" …… 119
10. 防范银行卡境外被盗刷 …… 125
11. 守护好自己的银行账户 …… 128

纠纷争议莫要急　金融知识来护航

1. 疫情隔离致逾期还贷，影响征信吗？ …… 135
2. 转账汇款需谨慎，交易安全系你我 …… 139
3. 代客操作难佐证，经济损失谁承担？ …… 142
4. 居间合同惹争议，厘清责任得真知 …… 147

5. 风险等级不匹配，理财损失谁承担? ……………………… 152
6. 自助银行出事故，赔偿责任如何定? ……………………… 157
7. 贷款需理性，征信要珍惜 …………………………………… 162
8. 灵活变通，以人为本 ………………………………………… 166
9. 离婚未清房贷，征信受损谁担? …………………………… 170
10. 换位思考，银行卡集中投诉圆满化解 …………………… 174
11. 服务老人有温度，智能生活不掉队 ……………………… 178

个人信息很重要　做好防护最关键

1. 警惕个人信息泄露 …………………………………………… 185
2. 保护个人信息，维护资金安全 ……………………………… 188
3. 信息缺失难兑付，想方设法找"户主" ……………………… 192
4. 保护个人生物信息，当心被"偷脸" ………………………… 196
5. 账户冻结有原因，完善信息保安全 ………………………… 200

保险护航千万家　诚实信用是根本

1. 肇事逃逸，险企追偿理赔款 ………………………………… 207
2. 银行代销保险，牢记依法合规 ……………………………… 211
3. 不能忽视"等待期" …………………………………………… 216
4. 索赔走捷径，可能惹麻烦 …………………………………… 221
5. "代理退保"花样多，防范风险不放松 ……………………… 224
6. 延迟一天的报案 ……………………………………………… 228
7. "投保时隐瞒既往病情"不可行 ……………………………… 231

新型骗局套路深　提高警惕莫大意

1. 警惕"校园贷"陷阱[①]

目前,互联网金融发展方兴未艾,线上线下业务快速叠加,新的金融业态给日常生活带来极大便利,网络贷款也是如此。部分网贷平台、小额贷款公司借机大行其道,扮演着不光彩的角色,以大学生为目标,通过和科技公司合作等方式进行诱导性营销,引诱大学生过度超前消费,导致部分大学生陷入高额贷款陷阱,侵犯其合法权益,造成恶劣的社会影响,致使有的学生还没走上工作岗位就背上了沉重的债务负担,严重影响了他们的学习和生活,人生面临失控风险。

"精准轰炸" 大学生落入网贷陷阱

初入大学校门的小A,正值青春韶华,处于人生最美好的阶段,第一次离开父母和亲人,开始进入了自主生活的阶段。小A对互联网操作非常熟练,对网络上的新鲜事物接受度较高。小A平时喜欢体育运动,尤其是篮球,经常在手机下载的体育软件上阅读体育新闻、观看比赛视频。小A几乎每天都会在国内某主要网络平台体育App刷新闻,但每刷几条,都能看到网贷视频广告。小A下载的其他软件中此类产品广告也频繁出现,小A萌生了想尝试一下的念头,觉得通过这种渠道自己可以自由支配的金额还

[①] 本文作者:王敏,就职在陕西银保监局,于2021-04-13发表在中国银行保险报网。

是不少的。

有一天，小 A 看中了一款高档篮球鞋，远超出其生活费用。犹豫几周，在频频看到的网贷广告中宽松审批政策和较高放贷额度的持续刺激和诱导下，加上"日息2%~5%"、"新用户赠送一定的免息期"等字眼，小 A 认为还是比较划算的。于是，为满足一时欲望，小 A 一狠心，在网贷平台贷款购买了心仪的那款高档篮球鞋。尝试过几次网贷的"甜头"后，由于使用频次高，贷款额度还不断增加，无形中助推了贷款消费行为，小 A 就此陷入超前消费泥潭，消费欲望不断助长，走上每月还贷之路而不能自拔。当还不上款时，小 A 又受诱导通过不同渠道借新还旧，陷入以贷养贷的恶性循环陷阱，债务越来越多，大大超出了其偿还能力。小 A 悔恨地说："以往没有网贷，找父母要钱或者同学、亲戚借钱，要不到、借不到就算了，现在网贷很方便，平台又多，门槛也低，借钱贷款很便利，我的消费欲望不断助长，逐步失去了理性，真是悔不当初。"

强化金融教育　营造良好校园环境

通过上面的案例可以看出，部分大学生陷入套路贷、"校园贷"泥潭不能自拔的原因，一方面是缺乏对金融知识的深入了解，另一方面是个人消费理念在不良影响下发生了严重扭曲、变形。因此，《通知》要求各高校要切实担负起学生管理的主体责任，加强学生金融知识教育和救助帮扶，引导学生树立正确的消费观念，切实维护学生权益和校园稳定。定期开展金融知识进校园活动，邀请金融监管机构、银行业金融机构开展知识讲座。金融知识进校园，是提升学生群体金融素养、营造良好校园环境的现实需要，主要体现在"三个有利于"。

一是有利于提升学生群体金融素养和风险防范意识。随着我国经济水平不断发展，学生群体运用金融工具进行财富管理的需求越来越高，金融产品也更加多样化、复杂化。通过金融知识教育宣传，可以不断提高学生群体金融知识素养和金融风险防范意识，知晓并懂得维护自身的财产安全权、依法求偿权、知情权、自主选择权、公平交易权、依法求偿权、受教育权、受尊重权、信息安全权等各项基本权益。日常生活中注意保护好个人信息安全，避免泄露或被他人冒用。更不能出借、买卖个人银行卡，否则会带来极为不利的后果。

二是有利于逐步培养学生群体理性消费观念。通过在校期间的金融知识教育宣传，逐步夯实大学生群体金融知识基础，培育大学生群体理性消费观念，树立负责任的借贷意识，养成良好的消费还款习惯，不过度依赖借贷消费，绝不"以贷养贷""以卡养卡"，努力促使广大青年大学生们能够远离非法"校园贷"，青春不负债。

三是有利于强化学生群体法治意识和契约精神。通过加强诚信意识教育，让大学生明白在申请贷款时应如实提供信息，不得故意隐瞒学生身份，不得恶意骗贷、违约。在接受正规金融机构提供的服务时，要牢固树立契约精神，珍惜个人征信记录，按时还款，警惕网络贷款逾期影响个人征信。

联合出击　斩断伸向校园的网贷黑手

近年来，政府相关部门持续加大对非法"校园贷"的打击力度，进一步规范大学生互联网消费贷款监管。2021年2月，中国银保监会办公厅、中央网信办秘书局、教育部办公厅、公安部办公厅及中国人民银行办公厅联合印发《关于进一步规范大学生互联网消费贷款监督管理工作的通知》，强调加强大学生互联网消费贷款监督管理，加大对学生的教育、引导和帮扶力度，强化网络舆情监测，营造良好校园环境和金融环境。同时，政府相关部门强化沟通合作，形成工作合力，加大大学生互联网消费贷款业务中违法犯罪行为查处力度，努力斩断伸向校园的网贷黑手。

大学生群体要"正三观"

　　大学是人生重要的成长期，也是形成正确价值观的关键时期。面对纷繁复杂的市场环境、不断的诱惑与刺激，大学生应当约束自己、保护自己。许多活生生的案例显示，没有底气的挥霍只能得到一时快感，寻求暴富的心理只能带来遗憾和悔恨。作为在校大学生，提升自身金融素养，培养诚信文化，树立科学的投资理念，树立正确的消费观念，应该做到以下"三要"。

　　一是要主动学习，掌握一定的金融知识。现代社会，人们的生活离不开金融服务，大到储蓄、投资、理财，小到日常开支、购买支付，都与我们的生活息息相关。在完成专业学习的同时，大学生应该主动学习相关的金融知识，切实提升自身金融素养，增强在金融市场明辨是非的能力，在诱惑面前保持定力。通过金融知识的学习，参与到维护正常金融市场秩序中来，对于发现的一些非法金融行为，及时向老师、学校或有关部门反映，使非法金融活动能及时得到打击。

　　二是要量入为出，做科学、理性的消费者。身为学子，能否抵抗诱惑，能否足够理智，能否明辨是非，能否坚守底线，不仅是顺利完成学业的基础，也是决定未来一生的根本。日常消费时，量入为出是基本原则。在有合理信贷需求时，一定要保持警惕，不盲目相信一些网贷平台的宣传造势和持续刺激，及时纠正超前消费、过度消费、从众消费等错误观念，逐步树立科学、理性、健康的消费观。

　　三是要珍惜信用，保持良好征信记录。征信可以说是我们的"经济"身份证。征信不良，在现代经济生活中可以说是寸步难行。互联网消费贷款所有的信贷信息需及时、完整、准确报送至金融信用信息基础数据库，大学生不能因为尚在求学期间便肆意滥用信用，留下人生遗憾或者污点。

近年来，金融监管部门不断加强工作力度，畅通投诉渠道，依法处理消费者与正规金融机构的消费纠纷，努力保护消费者合法权益不受侵害。大学生一旦出现与非持牌机构的纠纷，一定要尽快向有管辖权的部门进行反映，不要受某些"代理投诉"机构或个人的蛊惑。日常中大学生发现问题后要注意把握好四个"正规"。

一是要选择正规持牌机构。在办理相关业务时，注意查验相关机构是否具备经营资质，防范非法金融活动侵害。判断是否为正规合法金融机构，可以在金融监管部门的官方网站进行查询。

二是选择正规销售渠道。应选择在正规营业场所接受金融服务，或通过金融机构官方线上线下渠道购买产品，并配合银行机构做好录音录像，规范销售流程和销售行为。如何辨别银行产品及服务是否正规，可以通过银行机构官网、手机银行进行查询。

三是选择正规从业人员。应注意查验提供销售服务人员的金融从业资质，防范诈骗风险。对不明的电话、链接、邮件等推销行为保持警惕。不随意提供个人信息、银行账户信息，不轻易点击不明链接，不向情况不明的第三方转账汇款。

四是通过正规投诉渠道反映问题。如果大学生发现自身权益受到侵害后，可以通过金融机构或监管部门公布的各种投诉渠道反映问题，依法合理维护自身权益。特别要注意防范不法分子以牟利为目的，假借"代理维权退保""代理减免息费""代理征信修复"等诈骗，损害消费者合法权益。

2. 警惕"虚拟币"骗局①

虚拟币、区块链、大数据、人工智能等近年来比较火热的概念，往往容易被一些不法分子"盯上"，包装成一个个骗局。本案中电信诈骗分子打着投资虚拟币的幌子，实则伪造根本不存在的"虚拟币"和虚假投资平台进行诈骗，此类新型诈骗手法引起了警方的高度重视，并加大对此类诈骗的打击力度。

案例介绍：通过虚拟币"炫富"，请君入瓮

犯罪分子Y某曾无意间接触到一款名叫"CCT"的虚拟币，虽没钱投资，但他把这款虚拟币研究透了。当时，投资虚拟币、区块链在网上炒得火热，Y某便开始有计划地请君入瓮。

第一步：寻找"炫富"目标。2019年9月，他在手机上以网名"兔子"建了一个微信群，起名"精英PLUS"，之后通过各种方式拉了40多个人进群。Y某开始假装精英"炫富"，一会儿说自己在上海买了一幢独栋别墅，一会儿上传自己的豪车照片，一会儿秀自己刚办的10万元按摩卡……

第二步：诱导投资虚拟币。炫富一段时间后，Y某开始收割还留在群内的受害人。2020年2月至3月期间，他假装不经意说起，最近转向虚拟币、

---

① 本文作者：谭晓丹，就职在北京银行西安分行，于2021-07-20发表在中国银行保险报网。

区块链投资，有一种叫"CCT"的虚拟币，和比特币一样投资收益极高，群友便纷纷掉进Y某编织的暴富幻想中。

第三步：骗取受害人钱财。眼见群友对虚拟币起了兴趣，Y某道出苦于资金周转不灵，不得不向群友借钱投资。对于收益，Y某保证周息2%，并承诺亏损算他的。群里的人早已眼馋"兔子"的土豪生活，纷纷"入局"。一开始Y某还假模假样地投资了一部分钱，但不超过一周他就按捺不住，将大家投资来的钱全部放入赌博App。结局可想而知，Y某很快把钱输光了。与此同时，"精英群"里的受害人还等着承诺的收益，却只等到"兔子"一次次的拖延。最终，其中几名相识的受害人再也忍不住，相约一起到"兔子"家中问个究竟，这才揭破了谎言并选择报警。

经查，Y某骗取的钱款总计23万元。

案例剖析：虚拟币骗局的三大特点

选择投身币圈的，大多都是冲着高回报率去的，虽然大家都懂回报率越高风险越大，但很多人还是禁受不住虚拟币高收益率带来的诱惑。但如果只顾着眼前利益，那么难免会掉入一些不法机构铺设的陷阱当中，所以说，对于虚拟币一定要保持高度警惕，下面我们就跟大家简单列举一些关于一般虚拟币骗局的几个特点，以便帮助大家提高警惕。

一是网络化、"高大上"。一般来说，虚拟币骗局主要通过网络或是聊天工具开展交易和收支资金。部分骗局包装得"高大上"，以获得境外优质区块链项目投资额度为由头，声称可以代为投资。如果符合这样的特征，极有可能是诈骗活动，消费者一旦上当受骗，把钱转到他们提供的境外账户上，相当于资金流向了境外，监管跟追踪都极为不便，难以追回损失。

二是宣称"只涨不跌""高收益低风险"。虚拟币骗局善于利用热点炒作，甚至利用名人"站台"宣传，故意抬高投资回报率，利用虚拟币、共享经济等概念进行炒作，强调"币值只涨不跌""投资周期短、收益高、风险低"等，以各种噱头吸引消费者眼球。

三是引诱投资者发展下线。一些不法分子通过公开宣传，以"静态收益"（炒币升值获利）和"动态收益"（发展下线获利）为诱饵，不仅吸引投资者投入资金，还引诱其发展下线，引诱更多人加入，不断扩充资金池，具有非法集资、传销、诈骗等违法行为特征。回归本质，其实还是"借新还旧"的庞氏骗局罢了，最终只会害人害己。

风险启示：保持警惕　理性投资

一是对"虚拟币"等新型投资项目保持高度警惕。不法分子偷换概念，把区块链混淆为比特币等虚拟币。实际上，虚拟币在我国是明确禁止交易和流通的，所谓的"币商"都是在境外开展非法金融活动，甚至通过开设虚假理财平台实施诈骗、非法集资等犯罪。

二是保持理性投资观念。选择合法投资渠道，不要相信任何一夜暴富的神话，对任何宣称超高收益的投资理财项目一定要保持戒心，牢记"天上不会掉馅饼"。

三是定期清理各类投资理财交流群。随着移动互联网的普及，各类投资理财交流微信、QQ群可谓铺天盖地，骗子扮演"投资理财大师"进行眼花缭乱的投资诱惑，时间一久，很难不受影响。

四是不要盲目转账汇款。不论何种投资陷阱，最后都会要求受害人打款充值，此时一定要寻求家人、民警或者银行的帮助，仔细分辨真伪。一旦骗子将违法所得转移到境外，基本再难追回。

五是平时加强学习，提高风险防范意识。如今，各类新型投资诈骗陷阱层出不穷，广大市民朋友一定要提高甄别能力，要牢记你看中的是收益，犯罪分子看中的是你的本金。

2.警惕"虚拟币"骗局

"天上不会掉馅饼",没有"稳赚不赔"的投资理财,掌握内幕消息、老师带盘操作都是骗人的,不要相信无法验证资质的外汇、期货、黄金、虚拟币等投资平台。一旦发现被骗,及时止损,切勿心存幻想继续注资,而要保存好证据,立即报警。

3. 警惕虚假 App 骗局[①]

为顺应时代发展，摆脱业务办理的时间、空间束缚，让消费者在家就能做到轻松理财，各类金融机构都先后推出手机端 App 软件，并根据自身业务不断作出调整和更新。这种打破传统业务办理方式和支付模式的创新举措，既考虑了金融市场的长远发展，又兼顾了客户体验。现如今，人们已经习惯通过各类 App 来获取理财信息，但随之而来的是不法分子骗术的升级。

案件简介：网络理财产品疑点重重，是聚宝盆还是吞金兽？

2020 年 7 月，从事个体经营的 A 女士在朋友的介绍下加入了某股票理财交流的微信群，群内会定期分享相关的理财知识和产品推介让群员学习、了解。8 月下旬的某一天，微信群负责人分享了一款信托理财产品，A 女士很感兴趣。看其发布的信息包括 S 信托公司的公司介绍、企业 LOGO 和注册信息等内容，觉得正规、齐全。于是 A 女士抱着尝试的心态，按照指导步骤扫描了图中的二维码进行 App 下载，并在相关页面完成了包括姓

[①] 本文作者：李乐，就职在陕西省国际信托股份有限公司，于 2021-08-17 发表在中国银行保险报网。

名、住址、联系电话、银行卡号及投资意愿等个人信息的填写和注册。几日后，有自称S信托公司的工作人员B某通过电话与A女士进行联系，并向A女士推销一款名为"长期理财传家宝"的信托产品。在交谈中，B某对A女士提到了此款产品保证本金和最低收益率的承诺，同时提到购买成功后可给予A女士一定额度的返点返现优惠，让A女士心动不已。

在家人和朋友的建议下，A女士前往该信托公司的销售中心，想进一步了解该产品的相关信息并且进行购买，但在与营业部销售人员C某进行沟通后，A女士发现S信托公司没有与自己电话联络的员工B某及他所推销的"长期理财传家宝"信托产品，甚至也没有微信群内经常分享的那几款信托产品。C某立即将情况上报给上级部门。

通过调查发现，近期出现大量不法分子，他们利用微信群、QQ群等渠道传递真假参半的讯息——抛出鱼饵，通过伪造App获取投资者信息——打造鱼塘，最后利用远程电话的形式向诈骗目标推荐"高利润产品"——静待上钩，这样的多重联动打造了一张巨型金融欺诈网络。A女士的经历是一起非常典型的金融类虚假App诈骗案，这引起了S信托公司的重视和警觉，他们立即在多个平台发布声明，提醒广大投资者提高警惕。

案例剖析：虚假App诈骗套路多，消费者、金融机构需提高防范意识

本案例可以总结为诈骗分子冒用信托公司的名义，盗用其LOGO等信息，通过QQ、微信等聊天群发布高收益的理财信息，诱导消费者下载虚假App和小程序，套取消费者的个人信息，随后进行推介、咨询以及销售活动，骗取钱财。A女士的经历有以下几点值得深入思考。

一是互联网小程序越来越普及，也为犯罪分子提供了作案的便捷，网络诈骗骗术花样百出、层出不穷。几台电脑或智能手机就能成为作案工

具，利用程序开发以微信、QQ群为网络传播途径。该类型网络诈骗典型的特点就是犯罪成本较低，且不受时空限制。同时，有些网络平台并不是实名注册制，也为犯罪分子隐藏身份提供了可能性。

二是A女士缺乏一定判断意识，主要表现在以下两个方面。首先，A女士轻信微信群等非官方发布的信息，并按其操作步骤，在尚未核实的情况下注册App软件，随意将个人信息上传，使不法分子有机可乘。其次，对于自称信托公司的工作人员，A女士并没有进行发布产品和人员信息的有效核实，在与其交流的过程中，对口头承诺保证本金和最低收益的行为深信不疑，逐渐走入不法分子设计好的圈套。

三是作为金融机构，还需要进一步加强防范新型网络诈骗的宣传活动。针对此类冒充信托公司的网络诈骗案件，在发现之后不仅要立即上报有关部门，还要结合社会热点典型案例向消费者宣传讲解电信诈骗的种类、惯用手段及防范常识，要提醒客户阅读防范诈骗手册以及相关提示，切实提升消费者的防范意识。

消费者如何提高自我保护意识

通过以上案例可以发现，假冒金融类App诈骗案件频发，不仅给消费者带来财产损失，而且给金融公司造成经营困扰和名誉损害。这需要金融监管部门、行业自律组织、金融公司等多方面建立共享、共防的协作机制。而作为消费者，则可从以下三个方面做到防止受到金融虚假App的诈骗。

一是提高警惕，仔细甄别信息，确保从正规渠道购买产品。如果消费者收到信托公司销售人员的信息或者电话，需要仔细甄别来电人员的身份、信托公司的信息和产品真实性，以防上当受骗。首先，通过正规平台和官方网站进行正规软件下载，切勿随意扫描微信群、杂志、网站的二维码进行App下载。对信托公司身份进行核实，可以登录中国信托业协会官方网站，进入"会员单位"界面进行查询。其次，在信托产品的真实性方面，消费者可以通过中国信托登记有限责任公司官网，根据产品唯一编码来查询相关产品信息，确保产品的真实性。

二是了解投资需求，合理选择产品。一般而言，信托消费者是符合相关要求的合格投资者，门槛较高，要求能够识别、判断并承担信托产品的相应风险。首先，了解自己。应该综合衡量自身财务状况、风险偏好、风险承受能力和对信托产品的期限、流动性等需求，不盲听、不盲信、不盲从，不追逐"热门"产品。其次，了解信托公司的资本实力和专业水平。在选择信托公司时，消费投资者应该将信托公司的资本实力、管理能力以及防控风险能力作为第一衡量要素。最后，了解产品。在选择信托产品时，投资者要了解产品实际情况，包括但不限于项目交易结构、合作方实力、资金用途、还款来源等情况。

三是学习金融知识，保护自身合法权益。消费者在了解学习金融知识的过程中，可以积极参与行业举办的各项消费者宣传教育活动，增加对金融行业及金融知识的了解。同时，也可以在信托公司营业场所、官方网站、微信公众号等官方渠道通过线上的方式了解并学习，或通过金融机构服务热线咨询当前的疑惑；等等，树立正确的金融消费理念，保护自身合法权益不受侵害。

4. 警惕"刷单"骗局[①]

"工资不够兼职来凑",正是抱着如此心态,许多人开始了兼职"刷单"的工作。点击"短信链接—进入刷单微信群—每日做刷单任务—交刷单费用—返利—交更多刷单费用—再不返利",如此模式看起来套路满满颇具诱惑,实则受骗人数众多、被骗金额巨大。刷单陷阱多,大多数"刷单兼职"都是打着赚钱为名义的电信诈骗。向公众普及新型电信诈骗的特征和手段,避免更多人上当受骗,维护自身合法权益,是银行等金融机构履行社会责任的具体体现。

案情:误入"刷单"骗局 客户浑然不知

2020年3月初,某商业银行支行接待一位中年女士办理转账业务。交流过程中,银行工作人员发现客户转账是因为需要转账完成刷单任务,以获取刷单费用及工资,此异常情况引起工作人员的关注。通过进一步了解,客户在2月,收到一条"日赚200~300元,工资即刻到账,轻松省力"的短信,客户点开了短信中的刷单链接,自动跳转到了某网购软件,客户下载该软件并进行了注册,软件工作人员告知客户:"每日刷单,群内会公布需要刷单的商品,只需点击加入购物车,按照相应的商品费用转账至后

[①] 本文作者:马跃其,就职在招商银行西安分行,于2020-07-28发表在中国银行保险报网。

台提供的卡号中，每晚八点后会将商品费用及当日工资转至刷单平台，可进行提现。"

前几次，客户刷单的商品单价均在100元以内，且在当日收到了垫付的商品费用及工资。后期，随着刷单频次增多，需要垫付的金额也越来越大，从一开始的几百元增加到几千元。这次客户来银行柜台转账，是因为软件平台工作人员告知客户："因后台系统审批，返还刷单商品费用及工资均延后发放，本周刷单任务完成后才可退还上周的刷单费用及工资。此次便是需转账13000元完成任务，然后得到费用返还及8000元的工资。"

银行工作人员点开该刷单软件，发现此类软件挣钱方式无任何保障和安全提示，且刷单费用均转入不同的个人账户。于是努力劝说客户不要落入骗子的陷阱，但客户不愿接受现实，不能立即醒悟终止操作。为避免客户受骗上当，工作人员通过报警，最终请公安人员协助配合，终于说服了客户，保护了消费者的资金安全。

分析：新型电信诈骗手法——"杀鸟盘"套路解析

（1）警惕"杀鸟盘"。"杀鸟盘"又称刷单诈骗、兼职诈骗，骗子通过发高薪兼职信息吸引被害人参与，再通过套路不断鼓动被害人投钱代刷，最终骗取所有投资钱财。上述案例中，客户是典型的误入"杀鸟盘"骗局。

"杀鸟盘"套路解析：

第一步，"买饵料"。骗子在黑网上购买公民的个人信息，大学生、待业人员、宝妈等人群是主要诈骗对象。

第二步，"挂鸟网"。骗子通过群发短信，或在同城网站、搜索网页、抖音、QQ群等网络平台发布虚假广告，骗被害人加QQ，并对其进行洗脑。

第三步，"喂鸟"。让被害人拍第一单，比如付款120元，返款125元给被害人，让其赚5元，让被害人相信确实可以赚钱，取得"鸟"的信任。

第四步,"醉鸟"。让被害人再拍第二单,价格一般在200元左右,一般是让被害人直接扫码付款,或者通过在微信群发红包的形式付款。

第五步,"杀鸟"。被害人刷了几单后,因为已经投入了比较多的钱,这时候"杀鸟人"称,不按照任务刷单,之前的投资都会打水漂儿。很多"鸟"害怕后会一直刷单,不少"鸟"被骗数十万元,等"鸟"清醒了,"杀鸟人"就直接将其拉黑删除。

(2)对于刷单者来说,不仅会给他人的商业信誉带来一定的损害,还可能造成一定程度的经济损失或者有其他严重情况的出现,可能构成《刑法》第二百二十一条规定的损害商业信誉、商品声誉罪;同时可能涉嫌破坏生产经营罪、虚假广告罪、敲诈勒索罪、诈骗罪等。

(3)对于雇请他人刷单的商户而言,根据《消费者权益保护法》第五十六条的规定,工商部门可以对实施刷单行为的网络卖家的虚假宣传行为进行处罚,根据情节轻重单处或者并处警告、没收违法所得、处以违法所得一倍以上十倍以下的罚款,没有违法所得的,处以五十万元以下的罚款;情节严重的,责令停业整顿、吊销营业执照。

(4)银行工作人员在服务过程中与客户进行有效沟通,针对客户业务特点,银行的专业人员要帮助客户及时甄别。发现疑似电信诈骗的情况,要及时报警,配合公安机关,形成合力对客户进行说服,及时阻止客户步步陷入骗局。

提示:学习金融知识 成就美好人生

(1)消费者应注意

① 不可随意点开来历不明的链接。不法分子通过"钓鱼网站"链接,发布虚假信息,对消费者实施诈骗。

② 不要抱有侥幸心理。不要因为一点儿蝇头小利而被骗,甚至触犯有

关法律，得不偿失。

③ 注意个人信息安全。寻找网上兼职，一定不要轻易泄露自己的支付账号、银行卡、身份证、手机号等相关信息。

④ 增强自身防范意识。多学习金融知识，了解金融产品的特征、处理流程以及金融常识。通过掌握金融知识有效识别诈骗分子的谎言，避免资金的损失。

⑤ 第一时间止损报警。万一不慎被骗，要立即止损，切勿再继续投入资金，尽快收集证据，如聊天记录、交易流水、联系方式等信息，第一时间报警。

（2）各金融机构应注意

① 关注消费者行为细节。在服务过程中需密切关注消费者情绪与意向、动作等细节，对违反常规的人和事多留心、多关注、多沟通、多提醒。在与消费者沟通过程中注意沟通技巧，有效沟通。提示消费者对可疑电话、短信等电信诈骗案件提高警惕与防范，保护自己的资金安全。有效甄别消费者信息的真实性，以便对电信诈骗进行堵截，尽量不让任何一笔可疑交易从自己手中漏掉。

② 做好消保宣传教育工作。各机构还应做好日常消费者权益保护的宣传教育工作，普及金融知识，提高全民辨假、识假的能力，通过各种形式告诫客户不要轻信各类投资误导，拒绝高息诱惑，保护个人信息。

5. 慧眼识破网贷骗局[①]

2021年9月9日,陕西省西安市昆明路派出所向浦发银行西安高新科技支行送来表扬信,赞许该支行"积极履行社会责任,不断加强银警合作,对犯罪线索进行先期甄别与分析,极大地提高了警方防治电信诈骗效率,为我市打击电信诈骗提供了强力支撑"。

2021年9月8日,客户杨先生匆匆走进浦发银行高新科技支行,表示其要查看名下银行卡流水,有一笔6万元转账失败,提示必须到柜面更新信息,方可转账。工作人员为杨先生办理业务的过程中了解到,杨先生通过某平台申请一笔20万元的装修贷款,不久后便接到工作人员电话,需要他通过微信配合办理手续,杨先生便添加对方微信"金通在线",收到一个签订贷款合同的链接,填写了身份信息,对方还要求杨先生提供一张存有资金的银行卡,并需将密码和银行发送的短信验证码告知对方。随后,杨先生便收到一笔人民币6万元的扣款失败短信。一位微信名为"李经理"的人表示刚才操作是为验证杨先生的账户是否正常,以便后续发放贷款。对方表示杨先生在浦发银行的账户状态异常,需要前往营业网点解除。高新科技支行工作人员凭借丰富的防诈经验,判定这是一件典型的网络诈骗,

---

[①] 本文作者:王星,就职在浦发银行西安分行消保和服务管理办公室,于2021-10-19发表在中国银行保险报网。

5. 慧眼识破网贷骗局

于是耐心向杨先生介绍了电信诈骗的套路和特征，由于杨先生的信息需要更新，才创造了宝贵的时间窗口，致使钱款未能转出，避免了资金损失。

银行工作人员建议客户采取以下补救措施：

（1）第一时间协助客户将泄露信息的卡片进行换卡，重置密码，斩断诈骗方窃取客户卡内资金的路径；

（2）保留与诈骗方的微信聊天记录，留存完整线索；

（3）立即向附近派出所报案，并协助客户下载安装"国家反诈中心App"，将此次案情线索在反诈中心 App 上登记上报；

（4）向蚂蚁金服网络安全相关部门反映此次事件，借助头部企业力量降低此类山寨软件造成的危害。

6. 警惕互联网保险营销陷阱[①]

伴随着互联网的广泛应用及互联网经济的迅猛发展，互联网保险因其投保便捷、产品丰富受到广大消费者青睐，但在互联网保险快速发展的同时，也出现了一些侵害消费者合法权益的行为。个别互联网平台出现诸如"零首付""1元首付"等字样诱导消费者投保，后续扣费远超消费者预期，涉嫌侵害消费者知情权、自主选择权、公平交易权等权利，给部分消费者造成了不好的消费体验。让我们一起来看看下面这个案例。

案情简介：使用共享单车送"首月1元"保险，消费者"被保险"，后续扣款套路多

2021年5月，市民Y女士在扫码使用共享单车时，手机弹出某保险营销广告，"400万元医疗保障，住院医疗费用全报销，疾病意外都能报，首月仅1元，点击立即投保"。Y女士误认为是扫码骑车的使用流程，便根据手机提示进行操作，因为是仅仅收取了1元钱，Y女士便没有在意。可是谁知在后来的几个月里却每月被扣除了200多元保费。带着疑问，Y女士开始了自查，她发现自己微信支付的多笔扣款页面上写着备注："你的'××

[①] 本文作者：杨雪筠，就职在平安财产保险股份有限公司陕西分公司，于2021-09-14发表在中国银行保险报网。

保'账号（Y女士的电话号码）扣费成功，如果对扣费有疑问，请联系商户确认。"Y女士随后查阅了手机的短信收件箱，在短信收件箱被系统默认分类的垃圾箱里，他找到了一条通知短信。短信内容是："'××保'：您的400万医疗保障已守护您一个月，将于近期扣费延续下个月保障权益。疾病意外全报销，不再担心生病钱。"保单详情后面是一个网址，但几经尝试点击该链接均无法打开。这时Y女士才发现在自己不明所以的情况下点入链接购买了一份保险，回想起来自己只是输入了电话号码，连姓名和身份证信息都没有输入，就这么被保险了。

因为莫名其妙"被保险"，Y女士联系客服详细说明情况，按照电话提示进行退保申请，客服说挂断之后会有短信通知，按照短信操作即可。短信中给出了两种退保方法。（1）点击短信链接，提交证件。（2）关注××保险微信公众号，登录保单后进行退保操作。选择短信链接后，通过链接填写提交身份证信息，确认退保申请，电话联系客服，对方回复按照审批后金额退款，同意之后再次验证身份证信息、短信验证码，每步操作都不同程度地被询问是否继续参保，还有各种介绍内容，确定退保后再次需要验证信息。几经周折，前后近半个多月，Y女士最终退保成功，收到了600多元退款。

案情分析：各类非法互联网广告暗藏风险

据了解，还有部分消费者反映，在扫码乘地铁、乘公交车、使用移动充电宝、微信支付款项等情况下均出现莫名"投保"的情形。通过各种现实案例，笔者归纳发现，存在不当宣传行为的互联网保险营销宣传存在以下风险，可能侵害消费者合法权益。

风险一："吸睛"式宣传涉嫌误导。部分保险机构及互联网保险平台为片面追求关注度和销售量，通过扫码、抽奖等方式嵌入销售链接，进行"吸睛"式产品宣传，突出"零首付""低首付""首月仅为×元"等字样，而未能全面展示保费缴纳整体情况，抓住部分消费者贪图便宜的心理，诱导保险消费者点击投保，实则后续收取客户较高保费。这些行为存在宣传内容不规范、网页所载内容与保险条款的内容不一致或显示不全、未明确说明免责条款等问题，涉嫌误导消费者。

风险二：线上平台暗藏"搭售"。某些线上平台在其订票、酒店预定页面通过默认勾选、捆绑销售等方式销售一些保险产品，若不购买保险则不能享受优惠折扣，限制消费者自主选择的权利，变相强制消费者购买保险产品。与网络借款平台合作，强制消费者在借款过程中购买指定渠道或指定公司的保险产品，变相收取"砍头息"，若不投保则无法办理借款。这些行为未明确列明承保主体或代理销售主体，未完整披露保险产品条款等相关重要信息，侵害了消费者的知情权、自主选择权等权益。

风险三："自动续费"暗藏套路。部分互联网平台及保险机构在保险合同订立过程，特别是网上投保时，投保页面设置不规范、不科学，诱导消费者勾选"自动续费"，而后续扣费不提前提醒，也不经客户选择或确认，直接通过系统扣费。限制消费者取消续费选择权，未提示客户取消续费的操作方式，取消自动续费的操作接口隐蔽，设置过于复杂。

风险四："高息"产品涉嫌骗局。一些不法分子利用互联网平台虚构保险产品或保险项目，或承诺高额回报引诱消费者出资，或冒用保险机构名义伪造保单，往往涉嫌非法集资，给消费者造成经济损失。

风险五：个人信息泄露风险。部分消费者反映在整个互联网业务投保过程中并未输入密码进行支付，投保过程已完成扣费，涉嫌侵害消费者财产安全权、信息安全权。互联网保险平台还存在未遵循合法、正当、必要的原则过度收集、粗放处理及使用个人信息，存在资金被盗取、用户信息被非法利用的风险。

风险提示：购买网络保险要牢记"四要"

为保护消费者自身合法权益，提醒广大消费者在购买互联网保险时，切记做到以下"四要"。

一是要核实销售资质，选择合法机构。目前，经营互联网保险业务的机构必须是经中国银保监会批准的持牌保险公司和保险中介机构，请在购买时通过中国银保监会官网查询相关保险机构是否具有经营资质。此外，中国银保监会规定，保险机构销售互联网保险必须通过自营网络平台销售，如果与非自营网络平台合作，不能设置保险产品销售页面，需要由消费者点击链接进入保险机构自营网络平台购买。

二是要仔细阅读条款，防止误导宣传。使用互联网工具进行扫码时，警惕跳出的含有"零首付""首付仅为×元"等字样的销售链接，务必仔细阅读页面提示的所有信息，包含但不限于保险责任、交费期限、缴费方式等字样，不要轻易被"吸睛"的产品宣传"噱头"误导。

三是要谨防平台搭售，警惕自动续费。某些线上平台在其预定页面通过默认勾选、捆绑销售等方式搭售保险产品，若不购买则不能享受优惠，变相强制消费者购买保险产品，侵害消费者知情权及自主选择权。部分互联网平台在保险合同订立过程中，特别是网上投保时，页面设置不规范、不科学，诱导消费者勾选"自动续费"，且扣费不提前提醒，不经客户选择确认，直接通过系统扣费。

四是要重视信息安全，合理选择产品。互联网保险在提供极大投保便利的同时，也对个人信息存在安全隐患。消费者需注意保护个人重要信息，切勿对弹出的广告推广页面进行随意点击授权，切勿在陌生及非正规的链接下输入身份证信息、银行卡等个人敏感信息，不要轻易向他人发送移动支付二维码、手机验证码，时刻提高信息安全意识，保护个人隐私不外泄。同时建议保险消费者评估自身保险需求，选择购买符合自身保险保障规划和实际需求的保险产品。

最后，提醒广大保险消费者，万一出现保险纠纷或争议，一定要选择正规渠道维权。可通过保险机构在线客服、客服热线或亲访保险机构等方式协商解决，也可以向监管部门投诉，依法合规维护自身合法权益。特别要警惕社交平台、网购平台、电话短信、App软件等渠道"专业保险维权"名义的宣传。这些不明身份人员或组织以代理维权名义，要求消费者签订委托协议，收取押金，获取消费者保单、身份证信息、银行卡等个人敏感信息，其真实目的可能是牟取高额手续费或窃取个人信息，会造成个人信息泄露或财产损失风险。

7. 谨防"代理全额退保"陷阱[①]

随着信息科技的发展，使得收集信息变得越来越快捷、越来越普遍，一些不法分子利用各种渠道获取个人信息。有不法人员拨打投保人电话或发送短信，声称自己是保险公司售后服务人员；为牟取利益，一些从事"代理全额退保"的个人或团体冒充监管部门或保险公司工作人员进行虚假宣传。此类信息标注"专业承接、全国办理、100%退保、险种不限"等醒目字眼，诱惑、怂恿不明真相的消费者。如果消费者有资金压力等问题，就此尝试一下，往往就会陷入困境。此类事件让普通大众防不胜防。

信息泄露让犯罪分子有可乘之机

2020年某日，某保险公司收到客户何女士的投诉信，反映自己投保时有销售误导，要求保险公司全额退保，保险公司试图联系何女士面谈协商，但遭到何女士拒绝。保险公司随后安排相关人员与何女士取得了联系。听到这个消息，何女士大吃一惊，据她称，自己早已放弃了投诉，很早之前觉得保险产品与自己需求不符，曾委托一家从事"全额退保"业务的代理公司，并将自己的身份证、保单复印件等材料提供给该代理公司，

[①] 本文作者：赵利霞，就职在瑞泰人寿保险有限公司陕西分公司，于2021-05-11发表在中国银行保险报网。

最终因高额的退保"手续费"而放弃，没想到该代理公司竟然继续盗用自己的信息冒充她本人进行投诉。

"代理全额退保"套路解析

何女士的遭遇在各地时有发生，此类欺诈惯用的五大套路在此为大家解析。

1. 通过电话、微信、网络等进行虚假宣传，声称可以"专业承接、无条件办理退保"，部分不法分子还会假冒监管部门或保险公司工作人员进行虚假宣传。

2. 诱导消费者提供身份证、银行卡、保单、电话号码等个人敏感信息，甚至要求消费者提供银行卡原件及取款密码、要求消费者提供"担保人"。

3. 为消费者提供一份话术，要求消费者通过录音录像等方式诱骗销售人员回复，进行虚假取证；或者在没有取得相关证明材料的情况下，通过手机软件伪造微信聊天记录、捏造歪曲保险机构存在违规的虚假事实。

4. 阻止消费者与监管部门、保险公司联系，要求消费者签订"全权"代理协议，并要求消费者不与保险公司接触，不得就投诉问题与保险公司协商处理，试图切断消费者正常维权通道。

5. 诱导消费者签订第三方电子支付协议，若保险公司同意退保，退保金到账后立即通过电子支付划扣"手续费"，"手续费"比例一般为退保金额的40%左右。

风险提示

不知大家是否发现此类套路最后的重点还是落在"手续费、委托费"上，实际上还是要设法从当事人口袋里掏钱。保险权威人士梳理此类套路共同发布三大风险提示。

7. 谨防"代理全额退保"陷阱

（1）个人信息泄露

一些从事"代理全额退保"的个人或团体打着"维权"的幌子获取消费者信任，并与消费者签订所谓的"代理维权服务协议"，要求消费者提供身份证、保单、银行卡、联系方式等涉及消费者隐私的敏感信息。除"代理退保"外，有的组织还从事信用卡套现、小额贷款业务，消费者个人信息资料存在较高的泄露风险，此外，泄露的个人信息一旦被电信网络诈骗分子利用，还存在让自己受到牵连的风险。

（2）资金受损或遭受诈骗

某些"代理全额退保"行为打着为了维护消费者合法权益的幌子，实际上是以牟利为目的。退保前要求消费者支付高额手续费或缴纳定金，退保后诱导消费者"退旧投新"，购买所谓"高收益"理财产品或其他公司保险产品以赚取佣金。一些组织还利用其所掌握的消费者银行卡及身份证复印件等，截留侵占消费者退保资金，更有甚者诱导胁迫消费者参与传销、非法集资等活动，如果消费者想终止协议或不支付高额"手续费"，会采用极端手段威胁、恐吓和骚扰等，消费者不仅资金损失难以估量，人身安全也得不到保障。

（3）失去正常保险保障

为牟取利益，一些从事"代理全额退保"的个人或团体冒充监管部门或保险公司工作人员进行虚假宣传，称消费者所购保险产品"存在欺诈行为，已有多名消费者投诉"或"继续持有保单将蒙受经济损失"等，引诱、怂恿不明真相的消费者终止正常的保险合同，使消费者丧失风险保障。消费者一旦听信操作，在未来再次投保时，由于年龄、健康状况的变化，可能将面临重新计算等待期、保费上涨甚至被拒保、列入"黑名单"等风险。

因此，提醒广大消费者不仅要理性维权，更要保护好个人信息的安全。

（1）防范锦囊一：注意保护个人重要信息

保单等重要的金融单据包含重要个人信息，消费者要注重保护个人隐私，提高自我保护意识，妥善保管重要身份信息以及敏感金融信息等。不要将自己的银行卡号、账户密码、安全码、身份证号、短信验证码、保险合同等重要个人信息随意透露或者轻易转交他人，以免被非法使用，蒙受损失。此外，身份证复印件最好写明使用用途，以防被人挪作他用。如果遭受到不法侵害时，在确保个人安全的前提下及时向公安机关报警。

（2）防范锦囊二：充分考虑保险购买需求，谨慎办理退保

保险产品的主要功能是提供风险保障，不同的人身保险产品其保障范围、缴费方式等有所差异。消费者退保后如想再次投保可能会面临费率上涨、被拒保等风险。消费者应了解所购保险产品的保险责任、保障功能、除外责任和退保损失等重要信息，根据自身风险保障需求理性选择，谨慎衡量是否有必要终止保险合同。尤其要慎重对待所谓"退旧投新""高收益"产品等宣传，谨防中计。

（3）防范锦囊三：通过正规渠道依法合理维权

消费者如果对保险产品有疑问或有保险服务相关需求，可以直接通过保险公司公布的官方网站、拨打客服热线、亲访客服中心等方式向保险公司反映诉求；也可咨询各市保险行业协会，如果与保险公司协商不成的可以向各地市的保险纠纷人民调解委员会申请免费调解；保险公司涉嫌违反保险监管法律法规的，可以通过拨打12378银行保险消费者投诉维权热线、来信等方式，向有关的监管部门反映。如果采取"恶意维权"扰乱公共秩序或者使用虚假材料骗保，还将受到法律的制裁。

8. 谨防以"激活信用卡"存钱的诈骗[①]

随着社会消费水平不断提升，许多年轻人养成了提前透支消费、提前花钱的习惯，所以信用卡成了年轻人的"必办卡"。与此同时，信用卡的申请渠道也更加多元化，几乎所有银行都会通过各种渠道嵌入信用卡的申请链接，如微信、微博、各综合服务平台等，消费者也更倾向于通过线上"方便、高效"的形式申请卡片。

然而，就是这种消费习惯的变迁，给了不法分子钻漏洞的机会。他们不断"升级"诈骗手段，利用与银行官网相似的伪基站，伪造申请链接进行诈骗。消费者若不仔细辨别，很容易落入诈骗陷阱。

本文通过对2021年发生在某银行某营业网点真实案例的还原，向消费者揭露新型"伪造信用卡"诈骗的手段，提示消费者相关用卡安全知识。

案情回顾：伪造卡诈骗被识别

2021年1月11日12时40分，客户吴先生手持一张"××银行"信用卡至某银行某营业网点，告知银行工作人员需要存2万元现金以激活卡片，说着便递上一张带有"××银行"VISA和银联标志的芯片信用卡给工作人员。银行工作人员接过卡片后，发现此卡和普通的银行信用卡没有大的差

[①] 本文作者：马跃萁，就职在招商银行西安分行，于2021-01-26发表在中国银行保险报网。

别,但是略有不同:既然为"双币种"信用卡,则不应该有芯片,因为自从2015年后,全国所有银行不再发行双币金融IC卡,并且翻看卡片背面的××银行客服电话,显示24小时客户服务热线为"400820555",左上角银行网址显示为"http://www.800820555",均与实际的银行官方客服电话和官方网址不符。

银行工作人员怀疑此卡片为伪造卡,便立即协助吴先生拨打银行信用卡客服热线核实卡片真伪,经客服人员确认,吴先生在本银行并无信用卡申请记录和相关资料,且名下并无任何卡片。工作人员还发现该卡片正面无"信用卡"字样,便断定该卡片为伪造信用卡。

经过银行工作人员对吴先生的详细询问,吴先生回忆,自己某天刷朋友圈时,点击了别人发的申请信用卡的链接,没隔几天就收到了信封卡片,收到卡片后,吴先生拨打了卡片后面的"假客服热线","客服"表示需要扫码存入2万元人民币用于激活卡片,吴先生感觉有点儿不安全,今日来银行营业网点就是要咨询银行营业网点工作人员。

对此,一方面,工作人员告知吴先生,如需办理信用卡还是需要通过银行的官方网站和正规线下营业网点申请;另一方面,工作人员对吴先生进行了金融知识普及,提醒客户不要随意点击不确定的陌生链接,更不能随意转账存钱给陌生账号。

该银行省分行收到营业网点的报备后,立即在营业网点群内将这一诈骗手法转发全员,提醒所有员工注意;同时,分行将此虚假网站报送至总行,总行对该伪基站地址进行了封堵,最大限度地确保金融消费者的资金安全,维护金融消费者的合法权益。

套路解析:伪造信用卡的诈骗方式

第一步,不法分子将手机木马伪装成常见银行的信用卡申请链接,发送至微信朋友圈、微信群、微博、论坛，引诱消费者点击申请；或是通过伪基站发送短信，引诱消费者点击短信中的申请链接。

第二步，消费者点击申请链接后，该木马和正规官网完全一样，诱导消费者填写个人信息，同时会寄送一张"假卡"给消费者，消费者通过"假卡"上提供的"假客服"信息拨打电话后，不法分子就会要求消费者扫码转账以激活卡片。

第三步，当消费者扫码转账后，不法分子就会卷钱消失，给消费者造成经济损失。

风险提示：擦亮双眼，防止被骗

一是消费者不要随意点击不确定的陌生链接，办理信用卡业务应该选择在银行网点或官网。

二是不存在所谓的"大额信用卡"。如果有人告诉您可以办理"大额信用卡"并索要个人信息，或是需预付手续费、中介费等，肯定是骗子。

三是消费者开通网上支付、修改支付限额时，卡内余额不要预留太多，不要扫来路不明的二维码，特别是支付超过500元的较大金额更要谨慎。

9. 来自"大使馆"的诈骗电话[①]

随着移动互联网的快速发展,电信诈骗案件发案数量不断增多,同时电信诈骗套路也在不断升级。与早期直接通过"广撒网""电话轰炸式"诈骗不同,新型的诈骗更是花了很多"细腻"的心思,通过多次伪基站电话联系、了解消费者的基本情况,精心设定诈骗场景,以此为手段,达到一击必中的目的。下面我们来看最近发生的一则真实案例。

案情简介:冒充大使馆人员诈骗留学生家属

2021年1月19日上午,某银行M支行客户经理突然接到刚过来办理过存款业务的沃德客户Y女士的电话,Y女士说遇到事情急需用钱。客户经理就联系Y女士来支行当面沟通办理,但Y女士迟迟未来,客户经理担心出了什么意外,便多次拨打Y女士的电话,电话却无人接听。

中午,沃德客户Y女士神色慌张地来到支行,找到M支行客户经理,说要办理一个转账业务。客户经理为保障客户资金安全,询问Y女士转账用途,Y女士却闭口不谈,同时表情特别紧张。她慌张的样子引起了M支行客户经理的警觉,便带客户到工位上安抚客户情绪,通过聊天了解到了

---

① 本文作者:罗又文,就职在交通银行西安明德门支行,于2021-08-10发表在中国银行保险报网。

9. 来自"大使馆"的诈骗电话

事情的原委。Y女士刚刚接到一个自称是中国驻美大使馆工作人员的电话，告知Y女士她在美国芝加哥留学的外孙在当地开车撞了人，电话中也听到了孙子带着哭腔的声音"正被当地警局拘留"，经他们协调后，Y女士的外孙需要缴纳罚款和赔偿金即可免于刑罚，但Y女士外孙没有足够的钱，因此需要Y女士向特定人民币账户转账30万元人民币以供大使馆工作人员应急处理，同时工作人员还特地叮嘱Y女士不要告诉同住的儿子和儿媳，也不要告诉银行工作人员转账用途，如果规定时间不到账，外孙即将面临牢狱之灾。

M支行工作人员了解到情况后，敏感地觉察到这是电信诈骗案的惯用伎俩，告诉Y女士应该是遇到电信诈骗了，但Y女士不以为然。客户经理坚信Y女士遇到了电信诈骗，告诉Y女士，如果是触犯了法律法规应该由公安机关协助处理，而不是私底下接个电话转账就能息事宁人。如果坚持要转账，建议先和Y女士一起去派出所了解情况及处理流程。

在去派出所的路上，客户经理坚持不懈地联系Y女士的儿子。同时，M支行工作人员也为Y女士耐心分析了事情的疑点：一是对方是驻外大使馆工作人员却提供的是个人人民币结算账户；二是对方对银行工作人员以及Y女士年轻亲属过分的防范。Y女士听了M支行工作人员的分析渐渐冷静下来。与此同时，她也与儿子取得了联系，得知外孙安然无事。Y女士另一个儿子也联系到M支行工作人员，希望工作人员帮助劝说其母亲。Y女士终于认识到这是一个骗局，当时眼泪就流了下来，想想自己的钱都是从每月不到3000元的退休工资中一点点儿地省下来的，日常过得也很节俭，差点儿头脑一热就被一个诈骗电话清零。由于其儿子经常不在家，两个老人在家最近频繁接到电话，不法分子变着法通过多次的电话交流获取客户的大量信息，了解了家庭主要成员及基本情况，同时也抓住了其软肋。幸亏银行工作人员在紧要关头劝住了她，不然后果不堪设想。

这件事之后，Y女士多次来M支行感谢工作人员。对她来说，这是一个深刻的教训，她不光会注意此类问题，也会向身边的亲朋好友尤其是老年人讲解这次事件的经过并积极宣传预防电信诈骗的知识，让更多的人了解电信诈骗的套路，同时也为预防电信诈骗献出自己的一份力量。

案情剖析：锁定"老年客群"，以新颖手法击穿客户心理防线

此类电信诈骗有以下特点：

一是诈骗手法新颖，不法分子冒充大使馆工作人员与海外留学生的老年家属联系，因为老年客户较易上当受骗。

二是不法分子与老年客户联系后，再三叮嘱不能泄露信息，尤其不能告知家里其他人员，并且催促尽快汇款，防止客户冷静思考后察觉异常。

三是准确掌握客户信息，松懈客户心理防线。不法分子获取到客户家属在国外留学的信息，并自称大使馆工作人员，打着大使馆的幌子威慑客户。

风险提示：电信诈骗常见形式

一是仿冒身份，虚构险情。如本案例，骗子曾经多次拨打过客户电话了解客户情况，对实施诈骗做了充足的准备，实施诈骗时利用仿冒身份虚构险情进行诈骗。

二是购物诈骗，利益诱惑。大多发生于购物退款、物流退款等形式，利益诱惑，诱导消费者泄露自己的信息达到诈骗目的。

三是钓鱼、木马病毒。目前有很多钓鱼短信，短信也在根据时事热点不断变化，如ETC办理火热时多发与ETC相关的钓鱼短信。目前数字货币比较火热，出现了很多关于此类信息的诈骗短信。

四是提供特殊服务类。诸如代还信用卡、消除征信逾期记录等。

风险防范：三招防被骗

一是短信链接勿轻信，冒称公检法来电要小心。莫名的短信链接不要点，或者先验证短信的真实可靠性。如果出现突发情况，先联系正规的渠道，鉴别不了可以及时到当地派出所报案。

二是个人信息要保护好。正规平台登录网站、网银。不图方便，随意在自己非常用的设备上登录自己的网银。不贪小便宜，不注册陌生的或者非正规的软件及网页，防止个人信息泄露。

三是有问题及时报案。如果被骗要及时报案，现有的条件下尽量降低损失。不能自认倒霉，这会让犯罪分子更加猖獗。

10. 信用贷款被骗走，新型诈骗需提防[①]

随着信息时代的到来，我们的生活与网络的关系日益密切，我们在享受信息时代便捷服务的同时，个人信息安全也面临着严峻考验。个人信息在不知不觉中已成为一种商品，一种可以为某些不法分子谋利的特殊商品。

网络诈骗套路深，涉及金钱需谨慎

客户王某是一位35岁的女性，有一份不错的稳定工作，跟大多数女性朋友一样，平时爱购物，但又由于没时间在商场购物，故选择网购的频率较高。王某在建行有两张卡，一张工资卡，一张平时用来网购的卡，都开通了手机银行。

过年前的一天，王某在某电商平台为自己及家人置办过年的新衣，和往常一样填写了自己的单位地址作为收货地址，并留了自己的姓名和手机号。一天下午，突然接到一名自称该电商平台的官方工作人员的电话，他先报出了王某的信息及工作单位，王某一听信息准确，便相信了。对方称因王某经常在该网站购物，累计金额较大，在公司的年底返利抽奖中，获得了一等奖，又询问了王某常用的卡，说让王某按工作人员说的操作进行

---

① 本文作者：胡晓曦，就职在中国建设银行股份有限公司西安曲江支行个人金融部，于2021–05–06发表在中国银行保险报网。

获奖额度申请,便能全额提现。王某想着自己常用的网购卡里面余额又不多,没什么风险,便按照对方的要求进入了建行手机银行进行操作。申请后发现自己有21万元的额度,一想到能全额提现,便满心欢喜,想着自己购物这么多年,还有这等好事,就按照对方的要求,将这21万元转入对方提供的银行卡上。随后对方问还有没有常用的卡,王某又相继告诉对方,并打开手机银行进行额度申请后,将钱转出,累计转出金额80多万元。在满心欢喜地等待返利活动返现时,王某发现自称官方客服的电话打不通了,回家告诉老公此事后,又仔细翻看了自己的短信,才发现被骗了。王某向涉及的四家银行一一打电话核实后,发现自己是实实在在地被骗了80多万元。

网络诈骗防不胜防,信息安全最重要

银行卡上没有钱,骗子是怎么做到骗了王某80多万元的?

现在很多银行会给资质较好的客户(如银行代发工资客户、房贷客户等)进行无抵押授信。单位越好、代发工资越高、资产越高,信用贷款授信额度越大。客户需要这类贷款时,可以随时申请,快的银行可以做到系统实时审批,贷款的钱会打到银行卡专用消费账户上,客户可以通过取现、消费或非同名跨行转出使用。

本起案例中的骗子就是盗取了客户信息,根据客户单位及消费习惯,锁定目标客户,利用客户对银行业务的盲区,引导客户将银行授信贷款支取出来,并转入诈骗团伙账户。

保护个人信息,谨防新型诈骗

当个人信息已不再安全,我们所面临的不仅仅是无休止的电话推销、层出不穷的垃圾短信,更要面临花样百出的网络诈骗。现在的网络诈骗手段之多、花样之繁，让人防不胜防。但万变不离其宗，诈骗的根本目的在于非法获取他人财产，对于这类行为，不管银行卡上是否有钱，只要涉及钱财的，一定要高度警惕。

加强个人信息安全，对预防网络诈骗至关重要。对于网络上的小程序、问卷调查、不明链接之类的，切勿填写自己真实的家庭住址、单位地址。对于快递预留地址，切勿填写具体单位，如果必须填写，请在收到快递后，将快递信息在外包装上划掉、销毁后再丢弃，不要给不法分子留下可乘之机。

预防网络诈骗，要牢记"六个一律，八个凡是"。只要陌生人一谈到"银行卡转账"，一律挂掉；只要陌生人一谈到"中奖了要先交税"，一律挂掉；只要一谈到"电话转接公检法"，一律挂掉；陌生短信让人点击不明网址链接，一律不点；微信不认识的人发来的链接，一律不点；一提到"安全账户"一律删掉。

凡是自称"公检法"要求汇款的都是骗子；凡是叫你汇到"安全账户"的都是骗子；凡是通知中奖，领奖要你先交钱的都是骗子；凡是通知"家属"出事，要先汇款或转账的都是骗子；凡是在电话中索要银行卡信息及验证码的都是骗子；凡是让你开通网银接受检查的都是骗子；凡是自称领导要求汇款或转账的都是骗子；凡是陌生网站要登记银行卡信息的都是骗子。

验证码——资金安全的保护伞

骗子在行骗时，很多时候是通过快捷支付，会给客户手机发送验证码，输入正确的验证码后，盗取客户卡内资金。很多人在操作时收到验证码直接在手机上方显示，尤其是很多年轻人，为了快捷操作，对收到的内容不仔细看，直接选择复制又粘贴输入指定位置，导致漏掉一些重要的风险提示。随着消保宣传力度增强，大部分人都知道验证码不能告诉别人，

10. 信用贷款被骗走，新型诈骗需提防

但在收到验证码后不仔细看风险提示，便草率输入，造成资金安全风险。手机系统变快了，用户的操作变快了，同时操作风险上升了，被骗的速度也加快了。本文案例中，王某如果多留心看一下验证码后的风险提示，不输入验证码，便不会造成这样严重的后果。

11. 网络投资陷阱多，提高警惕莫踩雷[①]

随着互联网金融的迅速发展，各类网络投资平台大量涌现，所谓"投资"的模式日趋复杂，从股票、理财、博彩到期货、外汇全部涵盖；诈骗团伙也越来越"专业化"，团伙成员从"业务员"到"客户经理"再到"专业投资顾问"配备齐全，各司其职。尤其是在2020年新冠肺炎疫情暴发期间，大量普通投资者在居家隔离期间通过手机下载了所谓的"网络投资App"，进行股票及贵金属、大宗商品期货投资，上当受骗遭遇大额损失。作为普通消费者，要如何"擦亮眼睛"，准确识别并远离非法网络投资，保护自身财产安全？下面就几起具体案例进行分析解读。

案情介绍："聊天群里演员多，小额甜头钓大鱼"

2020年5月，某国企部门主管M先生在手机社交软件上认识了自称外企高管的Z女士，通过几次聊天，Z女士有意无意透露疫情居家隔离期间，通过手机进行网络投资来"挣点儿零花钱"，并向M先生推荐了几个投资的QQ、微信股票群。M先生进群后，群内定期有"老师"发布"投资收益高、赚钱速度快"等宣传广告，同时不断有"群友"分享"今天又挣了多少"等

---

① 本文作者：周啸，就职在中国工商银行股份有限公司陕西省分行，于2021-07-06发表在中国银行保险报网。

参与投资获利的蛊惑引诱信息，M先生心动以后，咨询"老师"并按照其指导的路径，通过"METISMETEFX-LIVE迈特投资平台""ICMARKETS""TF国际期货投资平台"等多个网络投资平台，进行小纳斯达克股指期货、德国DAX股指期货、美国和英国黄金、原油等品种现货和期货交易。

而实际上，上述网络投资平台没有证券期货业务经营资质，均为"虚拟盘"，即投资者相关交易指令不会流入真实的交易市场内，没有真正买入股票或期货，只是在投资平台账户中显示虚假的持仓信息，诈骗分子可以通过后台操控指数、成交价格等多种方式欺骗投资者。M先生一开始投入小额资金迅速得到了回报，尝到"甜头"后投资金额不断增加，诈骗分子开始制造"亏空假象"，并诱使M先生陷入"越亏越投，越投越亏"的陷阱中，最终导致全部投资本金被骗而产生巨额损失。M先生为了"翻身回本"不惜挪用单位和客户资金，并继续投入上述网络投资平台，最终因刑事犯罪而被公安机关逮捕，被监察机关留置、移送检察机关起诉。

风险剖析："虚拟交易实圈钱，轻信专家被套牢"

近年来，电信网络新型违法犯罪猖獗，电信诈骗手法不断翻新，不法分子利用投资者盲目追求"高收益、赚快钱"的心理，通过设立"虚拟盘""黑平台"等方式，诱骗投资者进行非法证券投资活动并骗取投资者资金。投资者一旦上当，轻则资金受损，重则倾家荡产，有的甚至以身试法，走上挪用、诈骗、盗窃资金的犯罪道路。2020年7月8日，证监会集中曝光了258家从事场外配资的平台及其运营机构名单，其中绝大多数为"虚拟盘"。中国裁判文书网也披露了近两年30余起非法投资平台相关刑事及民事判决书。分析相关平台诈骗手法发现，其主要特征有以下几点。

（1）无资质。一是在证监会官网"中介机构—监管对象—合法机构名录"中查询不到相关平台的证券或期货经营资质记录。二是通过"企查查""天眼查"对相关平台实际经营者或接收投资款的公司进行查询,其"行业门类"并非正规股票、期货公司所属的"金融业",其"经营(业务)范围"也未包含"证券经纪、商品期货经纪、金融期货经纪"等信息。

(2)无实体。一是经营"虚拟盘""黑平台"的机构多为空壳公司,无实际经营活动、经营状态异常或涉及判决执行信息,如"TF国际期货投资平台"的实际经营者为"SXYD科技有限公司",经查询显示:该公司超过6个月未营业,营业执照已被吊销。二是无实际经营场地。与正规证券、期货投资行业不同,非法投资平台大多无实际经营场地或固定办公场所,对投资者上门核实的要求,则以各种理由拒绝。

(3)假账户。一是正规券商、期货商开立投资账户会要求面签或人脸识别、识别客户身份并留存身份证明文件资料、验证绑定银行卡信息,而非法投资平台大多采取线上开户,手续极其简单,无须面签或人脸识别,也不需要核验客户身份证件。二是对于非法投资平台账户的交易记录及持仓信息,只能通过"黑平台"App或者网页查询,不支持投资者现场查询。

(4)假结算。一是正规渠道进行投资交易时,投资者需要事先与银行、交易商签订银证(期)转账三方协议,并由银行自动完成资金支付结算,而"黑平台"则不会与银行、客户签订此类三方协议,投资者往往需要通过转账汇款方式将投资款项转入所谓的平台业务员的个人账户或者企业账户,明显违背资金第三方存管的基本要求。二是正规投资渠道,投资者可以自由支配交易账户资金且实时到账,而非法投资平台转出资金时需要经过平台审批,并以缴纳滞纳金、充值提高信用积分、银行卡输入错误、账户被冻结等多种理由拒绝客户大额转出资金,有的"黑平台"甚至卷款跑路,"投资顾问"失联。

(5)假宣传。一是"黑平台""虚拟盘"宣称的投资方式违背我国外汇、证券投资监管有关政策,如投资者可以人民币直接投资境外股指、外汇、原油及黄金等大宗商品现货或期货产品，且无须结售汇等；二是黑平台大多对外宣称"保收益""支持10倍等高杠杆配资"以及所谓的"专家指导、老师带单"，极力诱导投资者加大资金量、加重仓位，想方设法诈骗投资者大量钱款。

警示反思："天上不会掉馅饼，理性投资擦亮眼"

防范非法网络投资诈骗，从根本上说，需要投资者树立正确的人生观、价值观，丢弃"天上掉馅饼""一夜暴富"的幻想，理性投资、合规投资。具体来说要重点关注以下几个方面。

（1）不加投资"QQ、微信群"。为了能更快地获取投资收益，很多投资者会加各种投资理财的"QQ、微信群"，以为能从中获得新的投资方向和讯息。但这些群往往是骗子的聚集地，往往数百人的群里，真正的投资者只占很小一部分，其他都是骗子用于"忽悠""带节奏"的小号，一旦加入就等于陷入被骗子"围猎"的境地。他们会根据平时"培训"所获得的"专业技能"，一步步设套让投资者掉入陷阱。所以，想要远离骗子，首先就要远离各类投资群。

（2）切记"投资小、回报快"是诱饵。当前金融诈骗模式正逐步从以往的用"高收益"来蛊惑投资者，转向靠"投资小，回报快"来诱惑投资者，因为一方面"高收益"有时还对应"高门槛"，很多投资者没那么多钱；另一方面很多投资者对"高投入高回报"还是抱有一定的警惕性。而"投资小"就能直接解决这些问题，一方面投资门槛低受众面广，另一方面单次投资金额不大容易让投资者放松警惕。一旦相信，就会一步一步地落入诈骗分子精心设计的陷阱中而无法抽身。因此，看到此类字眼最好避而远之，还是选择国债或银行、券商、保险、基金公司等金融机构的投资产品，风险和收益都更为均衡。

（3）勿信"盈利截图""内部消息"。和"投资小、回报快"一样，所谓的"盈利截图""内部消息"等同样是用来吸引投资者的诱饵。一些诈骗团伙会宣传和国内大型机构合作，能获得"内部消息"。同时，还把"盈利截图"及各种"资质证书"发给投资者看，打破投资者最后的心理防线。但实际上，这些东西只要通过一些软件如 PS 等，都是可以伪造出来的，根本不可信。

（4）谨防"国际金融交易平台"。非法网络投资诈骗一般会有相关的投资网站平台。而诈骗团伙为了把投资者吸引到自己搭建的网站中方便幕后操控，并不让投资者发现破绽，通常会对一些真实存在的国际金融交易平台进行山寨，并将真实的投资平台名字和山寨的网址发消息给投资者。即便投资者去查该平台，也会发现该平台确实是存在的，再加上网站上都是英文，普通投资者根本无法察觉出不同，非常容易混淆并信以为真，从而对骗子伪装的"专业理财师""国际投资顾问"言听计从。所以，看到这些国外的交易平台，没有专业国际投资经验的普通投资者最好的方法就是"绕道"。

12. 被骗 390 万元，源自多轻信①

案情：误入网络投资陷阱　半生积蓄顷刻归零

2020 年 5 月 29 日 16 时左右，50 多岁的 A 女士来到 B 市上城区的湖滨派出所报案，称自己被骗金额高达 390 万元。一年前，喜欢炒股的 A 女士被拉进了一个所谓的基金投资交流群。因为对基金了解甚少，一方面 A 女士一开始并没有被群里的各类信息迷惑，但是这个群里的"C 老师"主动加了好友，不断向她传授投资经验，分享生活点滴，甚至承诺能免费帮她赚钱，另一方面还有群友表示在这位导师的指导下赚了 200 万元。半年多的时间，A 女士对这位"C 老师"慢慢产生了信任，也一步步踏入了陷阱。A 女士在"C 老师"的推荐下，下载了一个名叫"汇金信托"的投资 App，进行所谓的信托投资，刚开始只是小额转账套取信任，从 30 万元至 60 万元指点投资者具体操作，等款项不断转入累计金额较大后却转眼间就不翼而飞了。原本 A 女士计划着拿这笔钱在 B 市安家，连房子的定金都付了，原本打算有了盈利立刻退出，没想到居然遭遇了诈骗。

犯罪嫌疑人利用现有的各种网络平台，通过分享日常生活，刻意在网

---

① 本文作者：郑伍娇，就职在长安国际信托股份有限公司，于 2021-01-28 发表在中国银行保险报网。

络社交平台凸显自己孝子的形象，营造虚拟正面形象赢得好感，然后通过不间断的聊天指导拉近距离逐渐骗取投资者信任。

"汇金信托"投资 App，看似信托投资，实际上却是类似赌博的投注游戏，而这个软件上所谓的充值实际上是直接给个人账户转账，投资者把钱转入人头卡（用于 ATM 取现的银行卡）。这些人头卡在 A 女士将钱打进去之后，及时进行了分装，由专门的人员在多地进行了取现操作，这是犯罪嫌疑人设下的精密的陷阱，造成 A 女士还认为自己的钱款是在基金 App 内，但是等到犯罪嫌疑人将对应的钱款进行洗钱操作取现之后，A 女士反应过来在基金 App 里面没有钱款的时候，这时钱已经被犯罪嫌疑人取现取掉了。

案件侦破：收缴近千万元诈骗金　成功抓捕涉案 14 人

案发后，B 市上城区公安分局高度重视，立即抽调 20 余名干警成立专案组，开展案件攻坚。根据 A 女士的报案信息，犯罪嫌疑人向 A 女士提供了个人银行账户进行转账汇款，警方立刻对这几个银行账户展开了调查。后续及时调取了银行的监控录像，锁定了多名犯罪嫌疑人。

警方通报这起看似简单的诈骗案，其实背后犯罪团伙组织严密、分工明确，一部分人负责话术诱骗受害人，另一部分人负责技术支持制作问题软件，还有一部分人进行洗钱取现。在警方开展集中收网行动破获案件后，犯罪嫌疑人电脑内部还残留着实施诈骗时进行技术支撑的相关数据和程序，并且手机上也采集到了犯罪嫌疑人此次诈骗时所使用的 App 平台的相关数据参数。

该犯罪团伙利用网络手段，通过推荐股票等方式实施"杀猪盘"诈骗，被骗的事主也远不止 A 女士 1 个人，专案组共串并了 20 余起案件，涉案金额近千万元。抓获犯罪嫌疑人 14 名，抓捕现场缴获银行卡 100 多张，还有作案使用的电脑、手机、硬盘等，目前案件仍在进一步审理中。

分析：犯罪者作案手段精明　投资者缺乏防范意识

本案中根据警方通报可了解到犯罪者整个作案链条完整，作案过程中分工明确、手段精明。犯罪者在作案过程中首先锁定目标人群，再利用人性的弱点及网络平台这把"双刃剑"一边进行着正面形象的树立，另一边进行着不法操作，让人掉以轻心、防不胜防。

本案中投资者 A 女士在投资前缺少对投资知识的了解，对于陌生人的主动邀约和示好并没有产生警惕心理，过度相信网络中别人经营的正面形象，在转钱款进入个人账户等涉及资金交易的时候缺乏防范意识。

启示：多方共筑投资安全网

（1）相关部门加强监督管理。设立严格准入审核和监督管理机制，加强对线上网络金融投资平台的筛选和管控，畅通线上线下监督举报渠道，设立专门部门定期抽查平台经营真实性，违法情况一经核实严厉惩处，追究其经济责任和刑事责任，并将涉事机构和平台全网通报，提醒广大投资者关注和小心网络诈骗，给金融投资创造一个有序竞争的网络环境。

（2）消费者自身加强防范意识。大家在网络交友时必须提高警惕，不要轻信陌生人所谓投资经验技巧，在投资前经过专业机构或平台充分学习了解金融投资知识，并且在正规机构和销售渠道去购买投资产品。对陌生人推送的一些号称炒股、投资的虚假 App 予以警惕，谨慎转账到个人账户。

（3）金融机构及相关政府机构加强消保宣传。加强宣传普及金融投资知识，介绍信托投资注意事项及投资流程，在公共场合投放广告、利用三微一端、企业月报宣传栏多渠道宣传投资诈骗案例，对常见的诈骗手段和方式方法进行经验总结并宣传。

集资诈骗花样多　不生贪念财产安

1. 警惕利用疫情非法集资诈骗[①]

疫情防控阶段，公众极易对防疫物资不足产生恐慌，不法分子正是利用公众购买防疫物品的从众心理，注册虚假公司，非法吸收公众存款、进行诈骗。面对利用疫情进行非法集资的新型诈骗，银行等金融机构如何做好巧妙识别和风险防范就成为堵截非法集资诈骗的重要一环。除及时识别、做好防范外，银行等金融机构还应该加大金融知识常态化的宣传教育，向公众普及常见典型非法集资诈骗的手段，防微杜渐。

案情：多名客户转账购买口罩被骗

近期，某商业银行的一家支行一日内接到十几名客户现场或通过电话反馈，均称在其网点开户的某文化传播公司利用网络渠道，用低于市场价钱30%的售价兜售口罩，但实际上是客户将钱款汇入该公司账户后，均石沉大海。客户怀疑该公司实际上是假借防疫之名进行网络资金诈骗。经支行统计初步涉及金额为70万元。支行员工在接到客户反映的情况后，感觉问题比较严重。支行以维护客户对公账户信息为由，联系对公客户来进行业务处理时，发现系统内所留单位固定电话和单位经办人手机均与来行反映问题的客户所提供不符。支行员工立即将此情况向支行主管领导和上级

[①] 本文作者：马跃萁，就职在招商银行西安分行，于2020-07-21发表在中国银行保险报网。

管理部门主管人员做了报告。征得上级法律合规部门同意后,分行反洗钱办公室立即对该对公客户近一年的账户交易进行分析识别,同时让开户网点对公客户经理派人上门开展加强型尽职调查工作。分行反洗钱办公室最终判定该客户为疑似诈骗客户,按照监管要求,提高该账户的风险等级为偏高风险,并对其账户进行管控,中止其非柜面业务。避免更多消费者上当受骗,维护消费者的合法权利。

解析:如何识别偏高风险诈骗账户

(1)通过监测该非法集资诈骗公司的账户交易后发现,该诈骗团队利用肺炎疫情,谎称可以代购或者囤积N95口罩、酒精、消毒水等防疫用品,在微信群或网购平台进行虚假销售,当受害人付费购买后,不法分子找各种理由拒不发货或拉黑,骗取钱财,诈骗成功后大多立即取现或资金频繁划转后实现分赃。

(2)该文化传播公司于2019年12月在某商业银行支行开户,开户后一直未使用过,2020年2月12日开始交易,3天交易近400笔2500多万元。上游资金来源为近百名个人、商贸公司,下游转至30名异地他行个人账户,交易摘要为社保金、贷款费用等,与口罩销售、文化传播等内容不符。

提示:网购有风险,打款要谨慎

(1)消费者应注意:

① 购买口罩、酒精、消毒水等防疫用品或药品,一定要通过正规官方渠道、网购平台、药店购买,不要盲目相信代购信息,也不要轻易点开各种不明链接。

② 收到提及汇款、转账、提供验证码等信息时,一定要提高警惕,擦亮双眼,谨防上当受骗,对于要填写身份证等个人信息的部分,请再三核

实收款方信息,请勿向陌生人转款。

③ 学习金融知识,增强自身识别意识。通过掌握金融知识有效识别诈骗分子的谎言,避免资金的损失。

(2)各金融机构应注意:

① 各银行机构网点应该做好疫情期间可疑客户风险交易的监测工作,对于交易明显存在可疑的,应该高度重视,立即开展尽职调查。对电信诈骗、非法集资等进行堵截,不让一笔可疑交易从手中漏掉。

② 各银行机构一旦发现客户有被骗的迹象,应立即予以风险提示,建议客户保存聊天记录、购买付款截图等相关证据,并立马报警。

③ 如发现相关个人或公司涉及实施诈骗,应及时进行案件举报。对确认存在诈骗的账户,及时进行管控,积极配合有关机构做好涉案账户的紧急止付工作。

④ 加强公众教育宣传,普及金融知识,提高公众辨假能力。做好转账业务前对于消费者的问询与核实,提高疫情之下公众的防范意识。

2. 非法集资——身边的陷阱[①]

近年来,随着市场经济和科学技术的快速发展,金融消费者个人金融信息因其独特的商业价值,逐渐被充分发掘,个人金融信息滥用、泄露等现象时有发生。同时,随着金融机构近年来对金融消费者的金融知识宣传和教育力度的加大,金融消费者对其个人金融信息的保密意识、防范意识和维权意识也不断增强,金融机构在消费者个人信息方面的投诉也逐渐增多。因此,采取有效的措施加强金融消费者个人信息保护工作,已成为金融机构个人金融信息保护工作的当务之急。

案情简介：短暂离开座位未锁屏导致客户投诉

近期,客户 Z 女士致电 X 银行客服电话,称其在 X 银行某网点办理理财业务时,理财经理在离开理财区座位时未对电脑进行锁屏。Z 女士通过电脑页面看到了其本人账户信息,并使用手机拍照,客户认为该理财经理的行为导致其个人信息泄露,要求处理该工作人员。

接到投诉后,该银行立即调取了该时段的录音录像资料开展调查。经调查,该理财经理当时正应 Z 女士要求,通过客户管理系统帮助查询其名

[①] 本文作者：纪钦,就职在重庆银行西安分行运营管理部,于 2021-06-10 发表在中国银行保险报网。

下存款信息。因柜台人员临时呼叫，理财经理在征得Z女士的同意后，迅速前往柜台处理业务，业务处理完成后立即返回，整个过程用时不到1分钟，且理财区内仅有Z女士一人，Z女士通过手机拍摄的电脑页面上的账户信息为其本人信息。该理财经理未及时锁屏的行为存在消费者金融信息泄露的风险，也不符合该行客户信息保护的相关要求，但实质上并未造成信息泄露。鉴于此，该银行对该理财经理进行了行内通报批评，并处以经济处罚。经该银行投诉处理人员与Z女士多次沟通解释，告知了对该理财经理的处理结果，最终Z女士表示接受并撤销了投诉。

案情剖析：个人信息无小事　时时防范不轻心

客户的个人金融信息对维护消费者权益十分重要，银行机构及其员工应当切实加强防范，提高保密意识，相关法律法规也有详细规定。

1.《中华人民共和国消费者权益保护法》第二十九条第二款规定："经营者及其工作人员对收集的消费者个人信息必须严格保密，不得泄露、出售或者非法向他人提供。经营者应当采取技术措施和其他必要措施，确保信息安全，防止消费者个人信息泄露、丢失。"

2.《中国人民银行金融消费者权益保护实施办法》（中国人民银行令〔2020〕第5号）第三十四条规定："银行、支付机构应当按照国家档案管理办法和电子数据管理等规定，采取技术措施和其他必要措施，妥善保管和存储所收集的消费者金融信息，防止信息遗失、毁损、泄露或者被篡改。银行、支付机构及其工作人员应当对消费者金融信息严格保密，不得泄露或者非法向他人提供……"

本案中，该银行工作人员离开电脑未锁屏的行为，致使电脑页面上的客户信息被客户本人拍照留存，虽是应客户本人要求进行的查询，且在实质上并未造成客户信息泄露，但该行为确实与消费者金融信息保护相关制度要求不符，存在客户信息泄露的风险。若该员工电脑页面显示的是其他客户金融信息，被该客户拍照获取，势必造成其他客户金融信息的泄露，也反映出该银行员工消费者金融信息保护意识淡薄，保密意识不强，细节管理不足，日常工作习惯有待进一步规范。

风险提示：强化金融消费者个人信息保护

消费者个人金融信息属于个人隐私，受到法律的保护，金融机构应该保障客户个人信息的安全，否则很有可能会导致客户个人信息的泄露，对客户造成损失和伤害。随着金融知识宣传的不断普及深入，金融消费者的法律意识、维权意识不断提高，但部分金融机构工作人员的法律意识未能跟上金融消费者法律素养的变化，个人金融信息保护意识淡薄，日常工作中也未养成良好的工作习惯，不能有效地履行保护个人金融信息安全的义务。从本案来看，该银行工作人员的客户个人信息保护意识不强，消费者高度关注银行对其个人金融信息的保护，对银行员工的工作细节也十分关注。

一是金融机构要明确责任部门。从技防和人防等方面着手，对在业务活动中收集掌握的客户个人金融信息强化管理，明确负责部门，明晰责任义务，强化内部追责。

二是金融机构要加强对员工安全保密的教育培训，加强员工行为管理，增强员工法律意识，在日常工作中提高员工的保护意识和能力，认真落实个人金融信息保护的各项法律规定和规章，使员工认识到保护客户个人信息的重要性，坚决杜绝私自查询、使用、泄露个人金融信息等违规行为。

三是金融机构要建立完善金融消费者个人信息保护制度。从制度层面加以约束，明确收集、保存、使用客户信息的方式、范围、权限等具体要求，完善个人金融信息保护内控制度体系，确保行之有据、行之有效。

3. 远离非法集资——拒绝高利贷诱惑[①]

"远离非法集资,拒绝高利贷诱惑""珍惜一生血汗,远离非法集资"……,这些标语每个人肯定都很熟悉,这段时间街上各大 LED 上宣传标语都有类似的内容。大家肯定都觉得距离自己很遥远,但其实它就在我们身边。

参与非法集资,存款被冻结

一天,50 岁左右的王阿姨走进××银行××支行,转存她名下的定期一本通的两笔定期,查询得知是冻结状态无法取出后在大厅大哭大闹,工作人员赶紧上前了解情况。原来其经熟人介绍,在银行外购买了一款"高收益的理财",收益可以达到 15%~20%,远高于银行收益。她抱着试一试的心态,投入了 5 万元,收益不少。于是,她心动了,说动其母亲、亲朋好友陆续投入近 50 万元,还额外获得了一些奖励。

随着国家不断对非法集资的深入宣传,慢慢地,王阿姨感觉投资的理财好像有些问题,不是银行的理财,而且理财公司的客户经理最近也不怎么联系。思索之下,她立即撤回了 10 万元资金,加上自己在××银行××支行存了三年和一年两笔定期的其他存款共 38 万元。可后来的事情急

[①] 本文作者:胡晔,就职在交通银行陕西省分行,于 2020-06-30 发表在中国银行保险报网。

转直下，让她承受不了。理财公司突然彻底联系不上了，自己还有5万元没有回来。之前经她介绍购买理财的亲朋好友不断上门讨要资金、讨要说法。她也被公安机关通知需要配合调查。调查过程中得知自己虽然只有5万元没有要回来，但是攒了一辈子的存在银行的38万元由于参与非法集资被公安机关冻结，尚未取出。其实她根本不是组织者，她也是受害人之一，但是由于发展了下线参与，受到牵连，案子暂未侦破，她名下的存款都被冻结。截至2020年5月底，其存款一直被续冻。

警惕多种形式的非法集资

近几年非法集资也是长了多张面孔，普通老百姓可能难以分清到底什么是非法集资，以下几种就是目前非法集资常见的表现形式。

一是高息借贷。高利贷天生具有一种魔力。因为容易获得，在资金饥渴状态下的企业主往往失去理性判断，铤而走险；而超高的利率也会助长放贷者侥幸的心理，以为可以日进斗金。然而，"借新钱还旧钱"的游戏终究是一条不归路。

二是虚拟项目，高额"钱"景化为乌有。"高额回报"这个诱饵，是非法集资者屡试不爽的"绝招"。借项目开发、项目投资等名义，通过入股分红、发行或变相发行股票等权利凭证或通过售卖权益份额、签订持股协议等方式，进行非法集资。许多人将自己的血汗钱投进了所谓的"项目"。结果，等待投资人的不是高额回报，而是集资款化为乌有的消息。

三是股权转让，原始股的诱惑。作为普通大众，往往不熟悉股权转让的具体运作方式，这就给了非法集资者可乘之机。他们未经国家主管部门批准，擅自发行股票、公司/企业债券，从事非法股权转让活动，诱骗投资者上当受骗。股票的发行受现行法律的严格规制，非经合法程序取得的股票对投资者来说只是废纸一张。

四是网络传销害人害己。以网络传销的手段进行非法集资即不法分子通过传销组织发展下线，募集资金。主要传播途径为通过境外服务器开办网站，并由传销组织的骨干成员向下逐层发展线下成员来进行非法集资。与传统意义上的传销活动相比，网络传销传播更快、涉及范围更广、欺骗性更大、危害更大。

五是互联网时代，利用P2P之名实施非法集资。作为互联网金融产业的代表性产物，P2P网络借贷平台发展迅猛。据统计，截至2017年6月底，我国P2P网贷平台数已达5909家，尚在运营的平台仍还有2114家。与此同时，我国P2P网络借贷平台非法吸收公众存款风险事件频发，给我国的互联网金融发展与金融秩序造成了诸多负面影响。广大群众在P2P网络借贷平台投资理财还需擦亮双眼，一定要了解网络借贷经营者所必须坚守4条红线：第一，平台的中介性质；第二，平台本身不得提供担保；第三，不得将归集资金搞资金池；第四，不得非法吸收公众资金。

六招防被骗

非法集资通常采用合法形式掩盖非法目的，具有一定的诱惑性和欺骗性，面对非法集资的陷阱，还请大家谨记以下六招。

防骗第一招：戒除贪婪心理。加强心理防线，不要贪图小利，不相信一夜暴富。

防骗第二招：抵制虚荣心理。不要爱慕虚荣，不因盲目追求他人的赞美、认可或爱面子而落入骗子的陷阱。

防骗第三招：加强警戒心理。遇事保持冷静，多调查、多思考，对陌生人不轻信、不盲从，个人信息要保密。

防骗第四招：正规途径办事。多从可靠的渠道接触信息，办事通过正规途径，不抱侥幸、走捷径的心理。

防骗第五招：常与亲友沟通。遇事不急于决策、不固执己见，多征求亲友意见，常与亲友沟通和交流。

防骗第六招：讲科学勤学习。心态乐观、积极，科学养生，不迷信；多读书看报，开阔视野，提高防骗能力。

4. 非法集资套路多，老年人开户要当心[①]

2020年底，国务院下发《关于切实解决老年人运用智能技术困难实施方案的通知》，要求各行各业做实做细为老年人服务的各项工作，为老年人提供更周到、更贴心、更直接的便利化服务。在此过程中，老年人的金融风险也同样值得被关注，一些不法分子利用老年人识别风险能力弱、易贪图便宜等弱点，对老年人实施诈骗，本文所讲的就是在某银行网点，工作人员现场堵截一起老年人风险开户案件，不法分子让老年人开户然后要求老年人转账以达成非法集资的目的。通过对真实案例还原，揭露开户风险，提示广大消费者注意用卡安全，维护好自身权益。

案情回顾：银行员工认真核实　识别老年人开户风险

2021年2月24日，年近七旬的张某走进了某银行西安某网点，大堂主管看到后便立即上前询问张某办理什么业务，张某说自己需要办一张银行卡。在交流过程中，大堂主管渐渐发现张某前后说辞不一致：一开始说他是因为儿子有张该银行的银行卡，家人也让他来办一张，方便给儿子转款，于是大堂主管便提出和家人联系了解办卡的真实用途。张某突然又警觉起来了，称自己更多的是个人用卡。张某情绪的变化引起了大堂主管的

[①] 本文作者：马跃萁，就职在招商银行西安分行，于2021-03-02发表在中国银行保险报网。

警觉，大堂主管再次询问张某办卡的用途，张某声称投资使用，具体的情况不便向银行透露。

在进一步核实的过程中，张某坚决不允许银行工作人员与其家人联系，说一会儿家人会来网点陪他开卡。过了许久，一位中年妇女李某来到银行大厅，一进门就大吵大闹，称银行歧视老年客户，大堂主管听到喧哗后，急忙上前了解客户情况，询问后才了解到，李某是张某的"妹妹"——不是亲妹妹但胜似亲妹妹；张某又说自己是投资给某公司，所以要办卡，投入1万元，每周返还800元的利息，很多人已经从中获利了，但这个事情不能让家里人知道，要不都不会借钱给他。大堂主管听到这里着急不已，担心张某年纪这么大陷入非法集资的圈套，可能会经受大的经济损失。

这时，李某称自己也投资了，但当大堂主管要求核实查看该投资公司的相关信息时，李某不愿意出示，说该投资公司目前还没有正式注册，不能把相关信息公开，否则自己就不能参与投资了。

听到此处，大堂主管已经很确信张某和李某所要投资的公司并非正规公司，而是打着"投资"外衣的非法集资活动。大堂主管向他们详细介绍了非法集资的手段和风险，普及了相关金融知识。听完大堂经理的介绍后，张某和李某表示非常感激，最终放弃了业务办理。

套路解析：诱骗老年人开户集资的方式

第一步，打亲情牌，利用感情诱骗。不法分子利用亲戚、朋友、同乡等关系，用高额回报诱惑参与投资。有些参与传销的人员，在传销组织的精神洗脑或人身强制下，为完成或增加自己的业绩，不惜利用亲情、地缘关系拉拢亲朋、同学或邻居加入，使参与人员迅速蔓延，集资规模不断扩大。

第二步，编造虚假项目。不法分子通过注册合法的公司或企业，打着响应国家产业政策、支持新农村建设等旗号，经营项目包括种植、养殖行业发展、高新技术开发、集资建房、投资入股、售后返租等，以订立合同为幌子，编造虚假项目，承诺高额固定收益，骗取社会公众投资；或假借委托理财名义，利用电子黄金、投资基金、网络炒汇、电子商务等新名词迷惑社会公众，承诺稳定高额回报，欺骗社会公众投资。

第三步，承诺高额回报。编造"一夜成富翁"的神话，用暴利许诺投资者高额回报，初期往往按时足额兑现承诺本息，待集资达到一定规模后，便转移资金或携款潜逃，使集资参与者遭受经济损失。

风险提示：老年人须当心开户风险

在选择投资理财产品时，老年人须了解项目的具体操作、模式以及公司的情况，不能盲目地随大流投资。

老年人在投资前一定要和老伴商量，多和子女沟通交流，听取他们的意见。

老年人被高利息理财产品诱惑并购买后，不要为了拉人头比例的提成，将身边的亲朋好友拉入投资，一旦被骗后，不但自己损失也让信任自己的人受到伤害。

老年人在选择理财产品时，不要仅凭公司宣称的巨额注册资本以及政府扶持或某重要人物的推荐等未经证实的信息，轻信公司是有雄厚资金和背景的。可在监管机构相关网站上查询金融公司是否具备金融许可证，如果经查询不具备金融许可证，就不要参与企业的集资，以免人财两空。

一旦遭遇此类非法集资诈骗，应该保持警惕，谨防上当受骗，及时向公安机关报案并提供线索。如对金融业务有疑问，可以通过正规渠道向有关金融机构或监管部门咨询、核实。

金融机构开户须谨慎

《人民币银行结算账户管理办法》(中国人民银行令〔2003〕第5号)第二十八条规定:"银行应对存款人的开户申请书填写的事项和证明文件的真实性、完整性、合规性进行审查。"同时,根据《中国人民银行关于改进个人银行账户服务 加强账户管理的通知》(银发〔2015〕392号)"银行业金融机构为开户申请人开立个人银行账户,应核验其身份信息,对开户申请人提供身份证件的有效性、开户申请人与身份证件的一致性和开户申请人开户意愿进行审核……"。金融机构在开户过程中,应当坚持审慎原则,加强反洗钱核查和风险管控,尤其是对风险防范意识较弱的老年客户,更应当做好开户识别和风险提示,所办理的卡片必须为自愿开立且为本人使用;在遇到可疑情况时,应该提高警惕、多方面核查,能够做到及时有效的鉴别,避免客户上当受骗。

金融机构应做好金融教育宣传。结合本文案例所述,银行工作人员应该在日常工作中提高风险防范意识,做好客户安全教育;同时,各机构还应做好日常消费者权益保护的宣传教育工作,普及金融知识,提高全民辨假、识假的能力,通过各种形式告诫客户不要轻信各类投资误导,拒绝高息诱惑,守住"钱袋子"。

5. 谨防以"代理退保"为名的非法集资[①]

近几年是非法集资案件的高发期,"e租宝""泛亚"等跨省区的大案、要案不断出现,涉案数额不断攀升,从几百万元、几千万元到几亿元、几十亿元甚至上千亿元;集资参与人数量和规模也不断增大,从几万人到几十万人甚至几百万人。随着国家对于非法集资打击力度的加大,这些参与非法集资的不法分子也逐渐开辟了新渠道、新形式,以一些更加隐蔽的手段来欺骗消费者、侵占财产。

案情简介:黑中介以代理投诉为名进行非法集资

2020年3月开始,某保险公司××中心支公司突然发现客户投诉量激增。平时每天一两件的客户投诉,现在每天达到二十多件,投诉客户反映的问题也是五花八门,让人应接不暇,这种情况引起了保险公司的注意。

经过与投诉客户访谈,发现最近有一家××中介公司,发短信给客户,告知客户需要去指定的场所升级保单。客户到达这家中介公司的办公场所后,中介公司的工作人员告知客户目前持有的保险可以升级到一款年化收益16%的理财产品,只要客户协助中介公司签署投诉委托书,并留有

[①] 本文作者:史晓峰,就职在新华人寿保险股份有限公司陕西省分公司,于2020-08-25发表在中国银行保险报网。

相关资料，中介公司就会替客户去保险公司办理全额退保，退保后的钱就可以购买这款理财产品。

这家保险公司在掌握相关证据后立即向公安机关进行了报案。经查，发现这家公司披着保险中介的外衣，实际上开展非法集资活动，通过诱导客户全额退保进行非法集资。

黑中介阻断客户正常维权渠道实施违法行为

对于广大消费者来说，一定要特别注意辨识这类案件操作手法：一是冒充监管部门或银行保险机构人员。以"监管部门退保服务中心""保险公司产品升级中心"等名义获取消费者信任，然后进行欺骗性虚假宣传。二是诱导客户购买新的金融产品。告知客户产品收益高，夸大收益金额，诱骗客户购买。三是诱使客户同意代理退保、退费。谎称由其代理投诉或退费、退保，可保证银行保险机构全额退还消费者各类罚息、手续费和保费，不成功不收费。诱使消费者提供身份证、银行卡、电话、家庭住址等个人信息签署代理投诉、代理服务协议等，从而骗取消费者个人敏感信息达到控制客户目的或是利用这些信息从事违法活动。四是阻断消费者与监管部门、银行保险机构之间的正常沟通。其以"全权代理"为名，切断消费者依法合规维权渠道，利用"信息阻断"骗取消费者支付高额费用牟利。五是单线联系，避免追踪。客户与这些机构之间的交流都是单线联系，没有统一的客服电话，办公室地点需要预约，不然没有办法进入。一旦这些公司跑路，消费者无从查找，资金也会打水漂儿。

案件分析："代理退保"行为隐藏的三种风险

一是失去正常保险保障。为牟取利益，一些从事"代理退保"的个人或团体冒充监管部门或保险公司工作人员进行虚假宣传，称消费者所购保险产品"存在欺诈行为，已有多名消费者投诉"或"继续持有保单将蒙受经济损失"等，诱导、怂恿不明真相的消费者终止正常的保险合同，使消费者丧失风险保障。消费者未来再次投保时，由于年龄、健康状况的变化，可能将面临重新计算等待期、保费上涨甚至被拒保的风险。

  二是资金受损或遭受诈骗风险。某些"代理退保"行为并非真正为了保护消费者合法权益，而是以牟利为目的。退保前要求消费者支付高额手续费或缴纳定金，退保后诱导消费者"退旧投新"，购买所谓"高收益"理财产品或其他公司保险产品以赚取佣金。部分组织还利用其所掌握的消费者银行卡及身份证复印件等，截留侵占消费者退保资金，甚至有不法团伙诱导消费者参与非法集资，一旦落入骗局，消费者资金损失难以挽回。

  三是个人信息泄露风险。一些从事"代理退保"的个人或团体打着"维权"幌子获取消费者信任，并与消费者签订所谓的"代理维权服务协议"，要求消费者提供身份证、保单、银行卡、联系方式等涉及消费者隐私的敏感信息。除"代理退保"外，有的组织还从事信用卡套现、小额贷款业务，消费者个人信息资料存在较高的被泄露或被不法分子恶意使用的风险。有的组织甚至在消费者想终止"代理退保"协议时，采用极端手段骚扰消费者，迫使其再次投诉。

风险提示：切记不要贪图小便宜，应通过正规渠道投诉

  根据我国法律法规，因参与非法集资活动而受到损失的，由参与者自行承担，所形成的债务和风险，不得转嫁给未参与非法集资活动的其他任何单位。集资款的清退应根据清理后剩余的资金，按照集资人参与的比例给予统一清退。经人民法院执行，集资者仍不能清退集资款的，应由参与者自行承担损失。这意味着一旦社会公众参与非法集资，其利益不受法律保护，所受损失不得要求政府、有关部门和司法机关承担。

通过投诉反映问题、提出诉求，是消费者维护自身合法权益的正当手段，但一旦被别有用心者利用，则可能会对行业经营造成不良影响，最终损害消费者合法权益。因此，要警惕"代理退保"的风险隐患，根据自身需求谨慎办理退保，依法理性维护自身合法权益不受侵害。为保障自身合法权益不受侵害，提醒广大保险消费者：

一是充分考虑自身保险需求，谨慎办理退保。保险产品的主要功能是提供风险保障，不同的人身保险产品其保障范围、缴费方式等有所差异。消费者退保后如想再次投保，由于投保年龄、健康状况等变化，可能会面临费率上涨、被拒保等风险。消费者应了解所购保险产品的保险责任、保障功能、除外责任和退保损失等重要信息，根据自身风险保障需求，谨慎衡量是否有必要终止保险合同。尤其要慎重对待所谓"退旧投新""高收益"产品等宣传，树立科学理性的消费观念，防止上当受骗。

二是注意保护个人重要信息。保单是重要的金融单据，包含重要个人信息，消费者要注重保护个人隐私，提高自我保护意识，妥善保管重要身份信息、敏感金融信息。不要将银行卡、身份证、保险合同等重要单证轻易转交他人，以免被非法使用，蒙受损失。如果受到不法侵害，应及时向公安机关反映，保护自身权益。

三是通过正规渠道依法合理维权。消费者如果对保险产品有疑问或相关服务需求，可以直接通过保险公司公布的官方维权热线或服务渠道反映诉求，或向监管部门反映。

6. 守好你的"钱袋子"①

"我当时不怎么懂,就觉得这投资怎么都是稳赚不赔的呀!自从他们被抓了,我的幻想也跟着彻底破灭了,我现在的日子难过呀!"这是一位本想依靠投资房产来养老的受害人在法院庭审现场的哭诉。很多人提到房产都会想到投资,但是有一些打着地产开发商幌子的公司频频设置金融陷阱,堂而皇之地进行非法集资。当"无风险+高收益"恍如"天上掉馅饼"一般呈现在你面前时,请广大消费者切记心莫贪,擦亮眼,绷根弦,守好"钱袋子"。

案情:投资房产竟是非法集资?

吕某在兰州成立A房地产公司,在五证不全的情况下聘请销售团队,通过多种广告渠道对社会公众进行宣传,以房地产公司名义与客户签订《商铺使用权出让合同》或《酒店房间使用权出让合同》,将部分房产非法进行39年的使用权转让销售,再以统一管理为名,将使用权已转让的商铺及公寓进行反租。截至案发,共有社会公众968人购买了该地产公司所谓的优选项目共计1287套铺面、酒店式公寓的使用权,涉案金额为3.55亿余元。在兰州非法吸收资金的同时,吕某又在浙江成立了A房地产公司分公司,

---
① 本文作者:廖俏俏,就职在浙商银行西安分行,于2020–10–13发表在中国银行保险报网。

以投资地产为由,以支付高额利息为诱饵,公开吸收社会公众资金。截至案发,共向社会公众721人吸收资金共计人民币4.58亿余元。近期,兰州市中级人民法院依法对A房地产公司及被告吕某、徐某、孙某、沈某、王某等人非法吸收公众存款、合同诈骗案件进行了公开宣判:被告人吕某、沈某犯非法吸收公众存款罪、合同诈骗罪,数罪并罚分别判处有期徒刑17年、6年,并处罚金;被告人徐某、孙某、王某犯非法吸收公众存款罪,分别判处有期徒刑6年、5年、4年,并处罚金。该案涉及金额高达8亿余元,受害群众近2000人。

何谓"非法集资"?

根据《最高人民法院关于审理非法集资刑事案件具体应用法律若干问题的解释》(法释〔2010〕18号),非法集资是违反国家金融管理法律规定,向社会公众(包括单位和个人)吸收资金的行为。非法集资根据主观态度、行为方式、危害结果等具体情况的不同,构成相应不同的罪名,比较常见的是"非法吸收公众存款罪"和"集资诈骗罪"。

非法吸收公众存款是指未经中国人民银行批准,向社会不特定对象吸收资金,出具凭证,承诺在一定期限内还本付息的活动。变相吸收公众存款,是指未经中国人民银行批准,不以吸收公众存款的名义,向社会不特定对象吸收资金,但承诺履行的义务与吸收公众存款性质相同的活动。

集资诈骗罪是指以非法占有为目的,违反有关金融法律、法规的规定,使用诈骗方法进行非法集资,扰乱国家正常金融秩序,侵犯公私财产所有权,且数额较大的行为。本罪在主观上由故意构成,且以非法占有为目的,即犯罪行为人在主观上具有将非法聚集的资金据为己有的目的。

分析：缘何近 2000 人陷入此案

（1）"促销优惠"迎面而来。在五证不全的情况下，A 房地产公司承诺给予"优惠购房""房价打折"，以"投资房产"的形式，欺骗消费者支付购房款，变相方式进行融资。

（2）"馅饼广告"马不停蹄。A 房地产公司通过各种宣传渠道，不停歇地发布虚假广告。同时，利用各种渠道、各种方式寻觅投资者，通过多方骗局，迅速建立起庞大的客群，使 A 房地产公司非法集资的"雪球"越滚越大。

（3）"高息诱惑"实难抵挡。A 房地产公司以投资房地产项目的高额回报作为"诱饵"欺骗消费者。远远高于银行同期利率的高额利息使很多消费者无法抵抗巨大诱惑，虚假高收益铺天盖地的宣传让大量投资者把"养老钱""救命钱"源源不断地投入，最终几乎都血本无归。

四招识破非法集资

（1）非法集资的特征：一是违法、违规或未经主管部门的批准；二是通过媒体、推介会、传单、中介机构、网络平台等第三方平台向社会大众宣传、营销；三是承诺一定期限内的高额非法回报，包括但不限于货币、实物、股权等；四是集资对象一般无特定对象，面向社会大众。

（2）常见房地产行业非法集资模式：一是房地产企业违法违规将整幢建筑划分为若干个小商铺进行销售，通过承诺售后包租、定期高额返还租金或到一定年限后回购，诱导公众购买。二是房地产企业在项目未取得商品房预售许可证前，有的甚至是项目还没进行开发建设时，就以内部认购等形式变相进行销售融资。三是房地产企业打着房地产项目开发等名义，直接或通过中介机构向社会公众集资。四是利用互联网平台，以开发房地产金融业务的名义与P2P网络借贷等平台合作进行的非法集资。

（3）房地产行业非法集资两大特点：一是房地产交易是双方的民事行为。管理部门对资金来源、流向和是否涉及非法集资无法及时掌握，许多非法集资参与者都是在资金链断裂已无法追回资金后才进行报案，造成房地产非法集资活动难以及时被发现。二是房地产行业非法集资活动往往涉嫌经济诈骗。房地产项目涉及开发建设单位、施工单位、投资方、购房人、抵押权人、承租人等多个群体，一旦发生非法集资案，法律关系复杂，资产往往很难处置。

（4）消费者应擦亮眼睛辨真伪：一是目前虽然可以销售期房，但必须拿到预售许可证方可进行。二是房地产行业采取的滚动开发、期房销售模式，真正的启动资金是土地款，前期的建设资金可以由建筑公司垫付、后期建设资金由购房者支付。如果房地产开发项目的资金压力是依靠向大众投资者的集资手段来完成，那么消费者应慎重考虑这个项目是否存在重大的风险隐患，擦亮眼睛谨慎辨别项目是否真实、合法，合同是否受法律保护。如果认定属于非法集资，合同不受国家的法律保护。开发商声明提供的担保物可多重担保，担保物存在没收可能，往往投资者的追讨之路困难重重。

风险提示：守好"钱袋子"

按照法律规定，只有存款类银行业金融机构可以向社会公众吸收存款，一般工商企业不能向社会公众吸收存款或变相吸存，其承诺的回报也不受法律保护。消费者一定要提高投资风险防范意识，在参与投资项目时，以下行为不可取：

一是只瞄准高收益。听信片面的误导性宣传，就匆忙将自己的"钱袋子"打开，盲目将资金投资于并不熟悉的房地产项目。

二是不做市场调查。投资前,消费者一定要正确甄别宣传信息,进行深入细致的市场调查,对市场变化、投资项目的收益能力及后续潜在风险要有客观、理性的判断。

三是不咨询专业人士。投资一般金额较大,要三思而后行,建议在咨询专业的投资机构或者人士后再做决定,不可匆忙、任性,要对自己的"钱袋子"负责。

7. 变味的"亲戚借款"[①]

古人云"力微休负重,言轻莫劝人"。帮助别人应以自己力所能及的范围为限,如果通过触犯法律的方式帮助别人,那么不但不能帮助别人,自己也将为之付出惨痛代价,受到法律的制裁。下面这则案例讲述的便是一名银行工作人员,为帮助自己的亲戚筹集资金,利用职务便利开展非法集资犯罪活动,最后导致牢狱之灾的事例。

案情简介:为帮亲戚,银行客户经理利用职务便利非法集资逾千万元

2016年,某地警方成功破获一起涉案金额高达1228万元的非法吸收公众存款案,将盗用他人身份潜逃长达4年的犯罪嫌疑人钟某捉拿归案。钟某原本为某银行理财部经理,收入颇丰,家庭美满。2007年,钟某堂弟的公司因经营不善,急需大笔资金周转,堂弟找到了钟某。碍于亲戚关系,钟某借给堂弟几十万元作为周转。但资金补充进堂弟公司后并无起色。钟某堂弟称其仍需几十万元资金周转,等到公司起死回生了,就可以归还先前借钟某的款项,否则钟某前期投入借款会打水漂儿。钟某无奈只能四处筹钱,几个月时间内陆续借给堂弟资金100余万元。眼见资金缺口不断增大,

---

[①] 本文作者:吴静,就职在长安银行,于2020-10-20发表在中国银行保险报网。

钟某已无资金可借，无奈之下，便打起了其所负责的银行客户的主意。

因钟某身份特殊，许诺利息比银行理财利率高，越来越多的人开始信任钟某，并委托钟某做投资。为取得客户信任，刚开始两年，钟某都按时给客户发放利息。尝到"甜头"的客户对钟某深信不疑，随之而来的投资客户也越来越多，钟某手上的资金也逐渐增多。2007年12月至2012年4月，钟某非法吸收十余人存款合计1228万元。但由于钟某承诺的高额利息要不断支付，加之堂弟一直没有还钱，钟某发现可供运转的资金越来越少，而更多的客户还在催要本金和利息。此时，钟某才开始真正慌了神。2012年5月，走投无路的钟某从银行悄悄辞职，连夜潜逃离开了家乡。发觉钟某潜逃之后，找其投资的客户这才醒悟到上当受骗，立即联名向警方举报。

据悉，为尽快将嫌疑人钟某抓获，办案民警多次前往钟某家中，做其家人的思想工作。但钟某家人一口咬定不知道钟某去向，也没有联系方式。2015年6月，民警获悉钟某的父亲去世，料想钟某可能会回家奔丧，便布置了大量警力在周边蹲守，但在连续蹲守了两天两夜后，民警依然没有发现钟某的踪影。但办案民警并没有就此放弃，2016年上半年，警方通过调查获悉，钟某冒用了某地居民王某的身份，并在另一城市某小区内出没。警方当即赶往该小区，一举将其擒获。经审讯，钟某对利用职务之便，以投资理财为手段非法吸收公众存款1000余万元的犯罪事实供认不讳。目前，钟某因涉嫌非法吸收公众存款罪已被某地警方依法逮捕。

银行从业人员参与非法集资现象原因分析

银行工作人员由于职业因素，极易成为非法集资的参与者，原因有以下几点。

一是银行工作人员所具有的特殊身份，使被害人对其本人及其集资活动比较信任，特别是被害人中的相当一部分人是其银行老客户，他们在充分信任的基础上同意为其提供资金。

二是有的银行工作人员利用自身对借贷、转账等业务流程的熟悉和经手相关业务工作的便利，通过伪造相关文件的方式实施非法集资。

三是非法集资者一般要为被害人提供银行账户以收取资金，特别是当其编造帮企业银行转贷等理由时，需要伪造该企业负责人或企业的中转账户，银行工作人员则较易利用工作关系而伪造成功。

四是目前银行信贷利率与民间融资利率存在价差，产生了巨大的利益诱惑，而一线银行工作人员容易获得资金供需方的需求，其在资金供需方之间实际上充当了资金掮客的角色，并从中牟取利益。

五是有的银行工作人员利用工作便利，向社会群众非法吸收公众存款后，再以较之吸储利息更高的利息向急需资金的人转手放贷，从中牟取吸储与放贷之间的利息差。

银行从业人员非法集资案件的特点

一是身份特殊。犯罪嫌疑人多为基层银行网点具有一定职权的人员，在当地有一定的社会地位和信任度。

二是欺骗性强。犯罪嫌疑人利用银行工作人员身份，假借为银行揽储、代客投资理财等名义非法集资或充当"资金掮客"，以高额回报为诱饵，极具欺骗性和诱惑性。

三是社会影响恶劣。此类案件中，社会公众一般出于对银行工作人员的信任，或误认为将资金投资给银行而非参与集资，一旦所投资金无法收回，便会把矛头指向银行，造成恶劣的社会影响。

四是易滋生职务犯罪和道德风险。银行员工在进行犯罪行为的同时，容易出现利用银行信誉或资源，牟取高额利息回报的现象，极易滋生职务犯罪和职业道德风险，同时易将风险转嫁给银行，存在较大风险隐患。

风险提示：做好"三个强化"

前事不忘，后事之师。金融机构应该做好以下"三个强化"，切实防范非法集资风险。

（1）强化教育，做到源头防范。一是金融机构应当加强员工培训。使员工熟悉掌握相关法律、法规、监管要求以及金融机构内部各项制度规定，进一步规范员工从业行为，提高员工廉洁合规意识和风险防范能力，避免员工触犯从业底线。二是组织开展员工职业道德教育活动。引导员工树立正确的人生观、价值观和金钱观，自觉抵制拜金主义和享乐主义侵蚀，俭以养廉淡泊明志，清晰界定是非和荣辱，坚守职业道德和操守底线。三是组织员工学习典型案例。剖析参与非法集资的危害性和将面临的法律制裁，使员工时刻保持警惕，提高鉴别力和自控力。

（2）强化管理，化解风险隐患。一是金融机构应当加强员工日常动态管理。特别是关注和了解员工八小时外生活状态，如生活、投资、交友、婚姻、家庭关系和个人爱好等。通过家访、谈心、约谈、考试、检查、排查、审计、稽核和督促等办法，及时发现问题苗头，及时化解，避免案件发生。二是强化监督管理。重点做到"三个关注"——关注细节、关注异常、关注个人品德，及时发现隐患，消除风险。三是可探索运用信息科技手段实行监控。依托领先科技优势，运用业务运营风险管理等风险监测系统，加强对员工账户资金变化进行监测，及时发现和分析风险事件，进一步提升风险预警和防控能力。

（3）强化制度，建立长效机制。一是建立有效沟通渠道。探索建立员工家庭信息管理档案，加强与员工家庭成员的沟通，配合员工所属金融机构做好教育工作。一旦员工出现家庭变故、参与非法集资或民间借贷等可能引发各类经济犯罪的情况，要及时沟通，积极采取控制措施，防范风险于未然。二是探索建立员工经济互助求救渠道。并非所有银行从业人员参与非法集资活动均是因为贪念，也有银行从业人员是因家庭变故、生活困难所致。因此，对发生家庭变故或生活困难的员工家庭要多给予慰问和关心，当员工家庭遭遇不幸时，多一个渠道让员工得到帮助，不失为一种有效防范非法集资案件发生的方法。

8. 理财账户资金不翼而飞，谁之过？①

××银行发生了一起以非法集资为起因、致使个人客户理财账户资金质押贷款被诈骗、遭受损失的电信诈骗案，提醒金融消费者要提高防范意识，保护好个人金融信息，自觉抵制高息诱惑，防范金融风险。

案情：分步骤以高息为诱惑，骗取客户大额资金

（1）零元购取得客户基础资料与交易密码

××财富投资公司在某公园进行调查问卷，并以"填写调查问卷，参与0元兑换礼品"的活动吸引了一大批客户，理财客户孙女士便参与其中。调查问卷的内容涵盖了客户多项基础资料，"0元兑换礼品"实则为线下刷卡交易，窥探客户密码。

（2）以高额收益为诱惑，引发客户兴趣

之后的某天，孙女士接到了××财富投资公司的电话，电话中以他们近期高息发售收益为10%的投资产品为诱饵，希望孙女士可以参与其中，并称如果当天考虑参与可在10%的基础上追加0.5%的收益。孙女士将信将

---

① 本文作者：郝媛，就职在交通银行陕西省分行，于2020-07-23发表在中国银行保险报网。

疑,但对承诺的高收益怦然心动。

(3) 获取客户银行资料, 盗取客户资金

隔天,××财富公司再次致电孙女士,以投资产品额度稀缺为由,希望孙女士尽快考虑,同时告知孙女士仅需提供卡号、身份证号码并回复一条确认信息便可进行额度确认。孙女士虽仍将信将疑,但禁不住诱惑,将相关信息提供给了财富公司。孙女士事后回忆当时这样做原因有三:一是认为自己提供的仅为银行卡号、身份证号等账户基础资料,并未提供银行实体卡片、密码等关键信息,便在电话中告知了对方;二是自己在银行的账户中均为理财产品,无法及时转出;三是产品收益非常高,不希望错过这次投资机会。提供相关信息的同时,孙女士回复了对方发来的一条"确认短信"。短信内容如下:"孙女士,确认购买××财富投资公司A款2号产品,确认请回复QR。"

挂断电话后,孙女士的手机没有了网络信号。经后续调查,原来不法分子利用孙女士回复短信通过伪基站复制了孙女士的SIM卡,同时通过掌握的客户银行卡号、密码、身份证号等多项信息,利用手机银行渠道理财质押贷款9万元,并将资金转出(该笔质押贷款在客户理财到期后会直接由银行进行扣款用于归还质押贷款本金和利息),造成了孙女士的实际资金损失。

三方观点分析

孙女士遭受资金损失后,认为自己仅向不法分子提供了相关信息,理财质押贷款的行为并非本人操作,自己不应承担因理财质押贷款而造成的贷款资金损失,分别向派出所民警、律师及金融纠纷调解中心进行了求助,三方观点如下:

(1) 民警观点:该案是一起典型的、以高息收益为诱饵引导涉案当事

人将关键信息泄露，导致直接资金损失的诈骗案件。派出所会根据通话记录及语音通话发出地点进行定位，查找不法分子呼出电话具体地点，搜集线索进行破案。

（2）律师观点：受害人将银行卡号、身份证号进行泄露，银行卡密码在不明状况的情况下泄露，电信信息和不法分子基站进行信息交互导致SIM卡被复制，均为受害人个人行为，卡片归属银行不负任何法律责任。

（3）金融纠纷调解中心：聘请相关律师进行情况调查，结果为受害人受到高息诱惑，将个人关键信息泄露，法律不支持受害人向银行提出的贷款损失诉求。

风险点提示："四不、四防范"

该案例的诈骗手段风险点如下：一是在公共场合利用赠礼填写调查问卷的形式对个人相关信息进行骗取收集，掌握客户个人关键信息及密码；二是利用了普通投资者追逐高额收益率的心理；三是通过电话通话取得客户一定程度的信任，掌握个人客户银行卡号、身份证号等账户信息；四是通过高科技手段仿制客户电信SIM卡，收取动态密码；五是充分掌握客户资金情况，对理财质押贷款流程熟练掌握，利用线上作案，最终导致客户损失。

孙女士的真实经历向金融消费者做了风险提示，提醒金融消费者在日常金融消费过程中应当做到"四不、四防范"。

（1）不贪图小便宜，不轻信任何形式的调查提纲、问卷。不泄露自己的金融投资信息，不泄露自己的姓名、电话、家庭地址、年龄等基础资料信息。

（2）不轻信任何形式的高息集资项目。要到正规商业银行、证券、保险公司等大型金融投资机构进行投资理财，对自己想投资的理财产品的内容、期限进行深入了解后再进行投资,必要时可求助银行等正规金融机构工作人员辨别真伪。注意防范各类以"理财、投资"为由的项目及公司。

(3)不向他人泄露个人信息。自己的银行卡、银行卡号、身份证号、银行卡密码等重要信息切勿告知他人,注意防范陌生电话、链接、二维码,切勿点击进入。

(4)不回复不明平台发送的短信、微信。尤其注意防范伪基站及手机SIM卡被盗。

银行账户守护好　酿成损失悔不迭

1. 规范用卡，做守法消费者[①]

随着互联网和手机逐渐成为人们生活的重要组成部分，在带来便捷的同时，不断更迭的欺诈手法也给生活带来了不少隐患。越来越多的案例表明，农民工群体正在成为犯罪分子实施欺诈的重要对象，安全用卡知识的普及也必将成为金融机构知识普及的重中之重。

农民工集体办卡设统一密码

B银行某支行受理了A建筑单位批量办理农民工工资卡业务，在客户领卡后，网点涌入大批量农民工办理银行卡激活业务。在为客户设置银行卡密码时，多位客户因"密码过于简单"而失败，且多次输入结果仍为失败。支行工作人员与客户沟通发现，A建筑单位工地老板要求所有农民工将银行卡密码设置为统一密码。支行工作人员反复向客户讲解银行卡用卡安全及密码安全，提示客户应使用自己设置的密码，并告知客户银行卡仅限本人使用，密码不应告知他人，卡片不得随意出租、出售、出借他人。

客户最后表示知晓，但支行工作人员发现客户在设置密码后，仍然在随行人员携带的纸张上统一登记了姓名、卡号及密码。当日下午，大堂经理在巡视支行自助存取款一体机（CRS）时发现，自助设备安全仓内有客户

[①] 本文作者：贺欣，就职在渤海银行西安分行，于2021-01-19发表在中国银行保险报网。

不断地更换卡片重新设置密码,仓门外有之前办理完激活业务的客户在等候。经过与客户了解,其银行卡在激活后由客户单位指定人员统一收走,并在支行自助存取款一体机(CRS)上进行密码修改,并统一设成同一密码。大堂经理再次对客户进行劝说,讲解用卡及密码安全,制止其出借银行卡及密码行为,客户仅表示知晓但并未采取有效措施。

支行立即向分行内控合规部发送邮件进行报告。应合规部要求,一是对于前期批量开卡中已开卡未激活的客户,暂停办理个人激活业务。二是对于前期批量开卡中已办理了卡激活的客户,将客户风险等级全部调整为高风险,并办理了暂停非柜面业务权限。

案例剖析

电信网络诈骗犯罪日益猖獗,买卖、转借、转租身份证件、银行卡、对公账户、工商营业执照等已成为涉电信网络诈骗犯罪黑灰产业链,农民工的工资卡也成为犯罪分子眼中的一块"肥肉",金融机构应从开卡这个环节上做到尽职尽责,以遏制此类情况的发生。

风险提示

① 银行卡和账户限于账户(银行卡)所有人使用,任何单位或个人不得买卖、出租、出借银行卡或账户。

② 买卖、出租、出借银行卡或账户用于电信网络诈骗、跨境赌博等违法犯罪活动,不仅涉嫌触犯《刑法》规定的帮助信息网络犯罪活动罪、妨害信用卡管理罪等罪名,还违反了我国银行卡和账户管理制度要求。所有涉案单位、个人以及相关组织者,都将依法受到严厉打击处理。

③ 银行对经设区的市级及以上公安机关认定的出租、出借、出售、购买银行账户(含银行卡)或者支付账户的单位和个人及相关组织者,假冒

他人身份或者虚构代理行账户或者支付账户的单位和个人，5年内暂停其银行账户非柜面业务、支付账户所有业务，并不得为其新开立账户。

④ 人民银行将把上述出租、出借、出售、购买银行账户（含银行卡）或者支付账户的单位和个人信息移送金融信用信息基础数据库并向社会公布。

⑤ 广大群众要警惕电信网络诈骗、跨境赌博犯罪的新手法和新特点，注意保护个人信息，不贪图小利买卖、出租、出借个人银行卡或账户。

2. 杜绝异常开户行为[①]

随着金融行业的繁荣发展，金融消费与普通民众的生活已经密不可分，加强金融消费者权益保护工作，是防范和化解金融风险的重要内容。近年来，金融行业的产品创新不断，在给广大消费者带来便利的同时，也出现了许多纠纷和矛盾，对于可能引发风险的相关事件，银行应积极妥善处理，杜绝异常开户行为。

少年批量办理银行卡　引起网点关注

2020年5月某天，营业时间刚到，陆续有刚满十六周岁的客户来网点办理借记卡。厅堂经理正常询问其办理借记卡的用途是什么，办卡种类是什么类型，在本地是否有住址。客户均表示，因为住在附近，为方便日常生活使用，且可以为自己做存款储备，才来银行办理借记卡。但在办卡过程中，厅堂经理意外发现客户都是外地口音，且身份证都为外地人，数量较多。询问客户是否相互认识，办理业务的客户均称不认识，然而，在填写基本信息时，客户所填写常住地址均为同一地址，这一异常情况立刻引起了厅堂经理们的高度注意。

[①] 本文作者：王晶，就职在广发银行西安分行，于2021-02-09发表在中国银行保险报网。

隐瞒身份开卡　银行充分提示风险

经反复确认，客户终于承认他们其实是某学校的学生，还在读书，是教师组织前来办卡，为了不让银行发现漏洞，提前已经准备好办卡所需填写的基本信息，并叮嘱客户不要透露学生身份。厅堂经理了解了实际情况后，向客户详解介绍相关的风险提示，普及了基础金融知识。听完厅堂经理的悉心介绍之后，客户表示十分理解，最终放弃办理业务。

账户出借有风险开卡　务必要谨慎

《个人存款账户实名制规定》第五条以及《关于〈个人存款账户实名制规定〉施行后有关问题处置意见的通知》（银发〔2000〕126号）规定：居住在境内的16周岁以上的中国公民，在有关金融机构开立个人存款账户或在原账户上办理第一笔存款时，其实名身份证证件除居民身份证或者临时居民身份证外，还包括户口簿、护照。

《人民币银行结算账户管理办法》（中国人民银行令〔2003〕第5号）第二十八条规定："银行应对存款人的开户申请书填写的事项和证明文件的真实性、完整性、合规性进行审查。"同时，根据《中国人民银行关于改进个人银行账户服务　加强账户管理的通知》（银发〔2015〕392号）"银行业金融机构为开户申请人开立个人银行账户，应核验其身份信息，对开户申请人提供身份证件的有效性、开户申请人与身份证件的一致性和开户申请人开户意愿进行审核……"。

根据以上规定，从本案来看，客户虽然都已年满十六周岁，满足开卡条件，但按照正常分析，这个年龄段应该是上学的黄金时段。对于学生而言，在这个时段没有在上课而是来银行开卡，必然会引起银行工作人员的注意。

经过银行工作人员的观察与正常沟通，能较容易发现该群体属于学生群体，虽没有透露学校相关信息，但是填写常住地址均为同一小区或同一地址，较为可疑。

客户的开户理由不真实，并不是自愿开户，而是由学校教师组织来银行开户，且银行卡并非本人使用，而是要交给学校。

提高风险防范意识　做好客户安全宣教

结合本文所述案例，银行工作人员在日常工作中要提高风险防范意识，做好客户安全宣教。

银行工作人员要坚持按制度办理业务，尤其是办理开卡业务时一定要确认是客户本人自愿办理卡片，且为本人使用。这既是银行工作人员的职责，也是保护客户利益的需要，对银行工作人员来说，一定要提高警惕，增强风险意识、责任意识，在受理业务时把好第一关，防范各种形形色色的金融欺诈。

个人客户信息采集工作是一项基础性管理工作，也是一项必须做的工作，能在识别客户身份时起到关键作用，在遇到可疑客户时，要通过多方面的核查，仔细观察客户提供的基本信息，做到能够及时有效鉴别。

遇到外地身份证开卡、结伴开卡等情况，要密切关注客户开卡的用途，符合正常条件后，方可办理。在日常工作中，银行工作人员要积极向消费者普及金融知识，提高客户的风险防范意识。在受理业务时，银行工作人员要对客户进行进一步的风险提示，强调办卡时所提供的基本信息、常用联系方式、密码等重要信息不能告诉他人，卡片不能转借，不能转卖借记卡等风险事项。当银行工作人员尽到责任后，客户也会作出正确的判断。

3. 警惕银行卡诈骗行为[①]

随着持卡人群体的迅速扩大,一些唯利是图的诈骗分子开始盯上银行卡,各种利用银行卡诈骗的行为频繁发生。诈骗方式多种多样:虚构亲人、朋友发生车祸的求助信息;虚构事主身份信息泄露,并被不法分子利用,造成高额欠费,诱骗事主转账存款到指定账户,以消除不良记录;虚构事主身份信息被人冒用,银行存款安全将受到威胁,诱骗事主转账存款到所谓的"安全账户";虚构事主的账户被不法分子利用洗黑钱,诱骗其将资金转入所谓"警方账户",作资金冻结等等,手段层出不穷。本文结合一起案例提醒消费者要警惕银行卡诈骗行为。

可疑开卡被识破

A女士在另一位女士的陪同下来到B银行网点办理开卡业务。由于是两个人一同前来,为防范诈骗风险,网点工作人员在办理过程中反复确认了A女士的开卡用途以及开卡意愿,并询问了与身边陪同人员的关系。核实没有问题后,网点工作人员为A女士办理了开卡业务。本以为这就是一笔平常的开卡业务,没想到这位A女士第二天又来到了网点,并向大堂经

[①] 本文作者:董龙耀,就职在陕西临潼海丝村镇银行,于2021-03-09发表在中国银行保险报网。

理提出，需要将前一天办卡时开通的电子银行功能，包括短信提醒功能全部关闭，只需要保证此卡可以在自助机具上使用即可。这一要求立即引起了大堂经理的警觉，因为短信提醒功能对于账户安全来讲很有必要，可以实时监控账户的变动。于是在大堂经理的提示下，A女士却打电话叫来了陪同她开卡的那位女士，而到达网点的陪同女子也拿出电话，向电话那端咨询是否可以保留短信提醒。

自己使用的银行卡，为何相关权限是否保留还需要向他人确认？针对这一可疑情况，该行营业室经理立即向两位客户提示事件中的风险隐患，详细解释了银行卡外租风险、反洗钱等金融知识，以及《关于加强支付结算管理　防范电信网络新型违法犯罪有关事项的通知》中的相关规定。在工作人员耐心、细致的工作下，开户人最终对银行卡进行了销卡处理。

此次可疑开卡风险事件的成功堵截，充分反映了银行工作人员的风险识别能力，同时银行方面也会加大金融知识宣传力度，帮助公众提升金融风险防范意识。

多种措施防范银行卡诈骗

随着互联网金融、通信技术的快速发展，一些不法之徒利用现代通信技术和网络等方式不断翻新诈骗手段，电信网络诈骗愈加呈现出手段高科技化、形式多样性、过程迅速化、作案隐蔽化，针对以上诈骗提出几点防范意见：

确认联系方式的真实性。对陌生号码可以拨打114进行电话号码所属地址的核实，以确认电话号码归属地与网站上登记的公司地址是否相符。

确认网站、网页的真实性。在浏览互联网时最好上正规网站。对于自动弹出来的网页或网站，建议不要搭理。

借出银行卡、转账要保持谨慎。相信只要头脑清醒点，不贪心，不轻信,捂紧自己的"钱袋子",就能减少被骗的风险。

掌握金融知识,提高辨别能力。互联网金融的普及让越来越多的人享受到了方便与快捷,但网络信息良莠不齐,面对层出不穷的诈骗方式,我们有必要掌握基本的金融知识,主动了解相关法律法规,不断增强自身的辨别能力,避免被表面假象误导从而陷入困境。

树立理性消费观点。在生活上要不羡慕、不嫉妒、不攀比、不盲从,合理安排生活支出,做到量入为出、适度消费,减少情绪化消费、跟风消费,拒绝过度消费、超前消费;要树立理性科学的消费观,在消费的时候不可一味考虑自己的需求、偏好,而不顾家庭承受能力;要提倡健康、文明的生活方式。

强化自我保护意识,维护自身权益。互联网时代,个人信息很容易在网络上传播,受他人利用。我们要提高警惕,必须明白"世上没有免费的午餐",谨慎使用个人信息,不随意填写和泄露个人信息;对于推销的产品,切勿盲目信任,尤其警惕熟人推销,增强保护自身合法权益的意识和能力。

4. 买卖银行卡危害大[①]

近几年,非法买卖银行卡的违法犯罪活动越来越猖獗,很多不法分子为了获利,不惜向亲戚、朋友下手,鼓动其办理银行卡出租、出借、出售给自己使用,不法分子再转手倒卖非法获利。出于信任和对银行卡知识不了解,很多人在不经意间触犯了法律。因此,每个消费者应当提高安全防范意识,保护好自己的身份信息、银行卡信息,谨防上当受骗。非法买卖银行卡、电话卡,极有可能涉及违法犯罪活动,也极有可能被违法犯罪分子所利用。因此,广大金融消费者更不能为了蝇头小利,出售自己的银行卡,这样的"躺赢"得不偿失。

2019年10月,某银行在对可疑交易分析甄别中,发现个人客户A账户存在异常交易。经过深入核查,该账户有多个可疑交易特征,包括:开户后长时间不启用,突然启用且发生大量资金往来;账户启用前发生试探性交易;资金结算通过非柜面,且经常为夜间办理;资金交易呈分散转入,集中转出;交易IP地址为境外;等等,经研判该客户账户涉嫌违法犯罪活动。银行将此线索上报公安机关,公安机关于12月立案侦查,成功破获了一起"非法贩卖银行卡"案件。

[①] 本文作者:胡海涛,就职在西安高陵阳光村镇银行,于2021-03-23发表在中国银行保险报网。

4. 买卖银行卡危害大

客户 A 将自己的银行卡以 500 元价格出售给犯罪嫌疑人 B，B 在亲戚、朋友中大量收购银行卡进行贩卖从中获利，并发展"下线"帮助其收购银行卡。由 B 贩卖的银行卡，被带到境外用于电信诈骗、网络赌博等违法犯罪活动的资金交易。

该案件涉及办卡人员 40 余人，银行卡 100 余张。公安机关于 2020 年 8 月抓获犯罪嫌疑人 7 名，以"收买非法提供信用卡信息罪"和"帮助信息网络犯罪活动罪"刑事拘留，境外在逃犯罪嫌疑人 2 名。2021 年 1 月，公安机关抓获境外在逃犯罪嫌疑人 1 名，截至目前案件正在进一步侦办，其他涉案人员正在抓捕当中。

我国的银行卡属于实名制，卡内存储了很多个人信息，如贪图小便宜出售自己名下的银行卡，有可能被收卡人用来从事非法活动，给自己带来巨大的法律风险，甚至承担刑事责任。非法买卖银行卡可能被用于洗钱、诈骗、赌博等行为，扰乱正常的社会秩序。一旦所售银行卡出现信用问题，最终都会追溯到核心账户，导致个人信用受损，甚至承担连带责任。

根据银行提供的犯罪活动线索，公安机关以"收买非法提供信用卡信息罪"和"帮助信息网络犯罪活动罪"定罪，很多人对这两项罪名不清楚。

根据《刑法修正案（九）》增设"帮助信息网络犯罪活动罪"，针对明知他人利用信息网络实施犯罪，为其犯罪提供互联网接入、服务器托管、网络存储、通信传输等技术支持，或者提供广告推广、支付结算等帮助的行为，情节严重的，处三年以下有期徒刑或者拘役，并处或者单处罚金。

根据《最高人民法院、最高人民检察院关于办理非法利用信息网络、帮助信息网络犯罪活动等刑事案件适用法律若干问题的解释》，为牟取非法利益，收买、非法提供他人银行卡及配套信息，致使他人以持卡人名义进行交易，数量巨大，其行为均已构成收买、非法提供信用卡信息罪。此类信用卡信息流入非法市场后，可能被用于洗钱、贩毒、收取转移毒资及网络诈骗犯罪等。窃取、收买、非法提供信用卡信息资料，以信用卡持卡人名义进行交易，涉及信用卡一张以上的就构成犯罪，五张以上的就可能判处三年以上有期徒刑。

在这里提醒广大金融消费者，买卖租售银行卡行为违法违规、隐患重重，为了您和家人，请规范使用银行卡。金融消费者要妥善保管好自己的身份证、银行卡等重要证件，不要为了与人方便或者贪图小利，让自己莫名成为犯罪分子的帮凶。如果在明知道要实施违法犯罪活动，而进行出租、出借、出售，将构成违法犯罪。

（1）买卖租售银行卡违反银行卡业务管理制度

金融监管部门对银行卡的申请、使用和管理有明确、严格的要求，商业银行和持卡人都应该遵守相关规定，否则将受到惩罚。《银行卡业务管理办法》第二十八条规定，"银行卡及其账户只限发卡银行批准的持卡人本人使用，不得出租和转借"。《人民币银行结算账户管理办法》第六十五条规定，"存款人使用银行结算账户，不得出租、出借银行结算账户。非经营性存款人有出租、出借银行结算账户行为的，给予警告并处以1000元罚款"。《中国人民银行关于加强支付结算管理 防范电信网络新型违法犯罪有关事项的通知》第三条规定，"银行机构经设区的市级及以上公安机关认定的出租、出借、出售、购买银行账户（含银行卡）的单位和个人，5年内暂停其银行账户非柜面业务，3年内不得为其新开立账户。人民银行将上述单位和个人信息移送金融信用信息基础数据库并向社会公布"。意味着随意出售、出租银行卡行为被公安机关核实认定的，持卡人在5年内将只能亲自到银行柜面办理业务，3年内将不允许新开立银行账户。此外，持卡人的违规行为会被记入个人征信记录，将来对个人贷款、求职就业等方面都可能造成影响。

（2）买卖租售银行卡危害个人信用安全，可能引发民事责任

我国的银行卡属于实名制，卡内存储了很多个人信息，如果贪图便宜

出售自己名下银行卡，一旦所售银行卡出现信用问题，最终就会追溯到卡主本人，导致卡主个人信用受损甚至承担连带法律责任。《最高人民法院关于适用〈中华人民共和国民事诉讼法〉的解释》第六十五条规定，"借用……银行账户的，出借单位和借用人为共同诉讼人"。最高人民法院《关于出借银行账户的当事人是否承担民事责任问题的批复》指出："出借银行账户是违反金融管理法规的违法行为，人民法院除应当依法收缴出借账户的非法所得并可以按照有关规定处以罚款外，还应区别不同情况追究出借人相应的民事责任。"

（3）买卖租售银行卡危害金融安全，可能涉嫌犯罪

出租出售的银行卡有可能被不法分子用来从事诈骗、逃税、逃避债务、套取现金、非法集资、经济诈骗、赌球、洗钱等非法活动，作为账号的所有人，即便不知情也会受到牵连。如果卡主明知对方用于违法用途仍出租出售银行卡的，卡主本人会因此构成共同犯罪，承担相应的刑事责任。《中华人民共和国刑法》第一百七十七条之一规定，"非法持有他人信用卡，数量较大的；出售、购买为他人提供伪造的信用卡或以虚假的身份证明骗领信用卡的"，涉嫌妨害信用卡管理罪，"处三年以下有期徒刑或拘役，并处或者单处一万元以上十万元以下罚金"。《中华人民共和国刑法》第一百九十一条规定，"明知是……破坏金融管理秩序犯罪、金融诈骗犯罪的所得及其产生的收益，为掩饰、隐瞒其来源和性质，提供资金账户的"，涉嫌洗钱犯罪，"没收实施以上犯罪的所得及其产生的收益，处五年以下有期徒刑或者拘役，并处或者单处洗钱数额百分之五以上百分之二十以下罚金"。

（4）依法合规使用银行卡

① 妥善保管好自己的身份证、银行卡、网银U盾等账户存取工具，保护好登录账号和密码等个人信息。对于废弃不用的银行卡，应及时办理销

户业务，并将卡片磁条和芯片毁损，不随意丢弃。

② 银行卡与有效身份证件分开放置，以免一起丢失被盗刷，并影响办理挂失及补办卡片等手续。

③ 不出租、出借、出售个人银行卡、身份证和网银 U 盾等账户存取工具，以免造成经济损失，并承担法律责任。

④ 不要相信任何来历不明的电话、短信、邮件，切勿轻信非法机构或非法中介发布的小广告，并向他人泄露重要个人信息。

⑤ 发现买卖银行卡和身份证的犯罪行为，应及时向公安机关举报，配合公安机关或发卡银行做好调查取证工作，有效打击犯罪分子，自觉维护良好的用卡秩序，保障自己的合法权益。

5. 警惕冒名办卡风险[①]

近年来,关于冒名开卡的新闻报道屡见不鲜,尤其是不法分子利用盗取、骗取甚至低价收购的身份证件冒名办理信用卡后进行透支或者套现获取资金,使受害人蒙受经济损失并影响征信记录。如果作为信用卡开办业务受理机构的银行等金融机构,未能尽到审核客户身份以及真实意愿的义务,甚至出现银行从业人员与冒名分子内外勾结,为卡片审批和额度调整一路"开绿灯"的情况,则更让普通消费者防不胜防。提高自身防范意识,主动远离不切实际的"低门槛、高额度"信用卡代办,保护好身份信息安全是每个消费者的必修课。我们一起来看看下面这个案例。

案情介绍:"兔子爱吃窝边草",以卡养卡连环套

近期,某商会会长L某以帮助办理信用卡,能提高信用卡额度为名,骗取其亲属、老乡、同学等多名受害人的身份证明,并伪造虚假办卡资料,请某银行客户经理H某帮忙办理大额信用卡。在L某利诱之下,H某利用其银行内部员工身份,通过将填写好的信用卡申请表分散至支行辖属几个网点,并明确告知经办人员其已完成申请表"亲访亲签"和房产证明、

[①] 本文作者:周啸,就职在中国工商银行股份有限公司陕西省分行,于2021-06-22发表在中国银行保险报网。

营业执照等审核工作，让网点同事直接签名上报省分行。再给省分行信用卡部的 Y 某打招呼，并配合 L 某拉拢腐蚀 Y 某，最终将 L 某申请的 110 余张信用卡额度均提至 50 万元。后续 L 某通过向不法分子支付一定手续费、以虚假交易方式进行刷卡套现达到非法占有资金目的。通过"以卡养卡"方式，L 某近年来利用这 110 余张信用卡，共透支本金 5140 万元，并将资金全部用来归还前期的银行贷款以及借款，截至案发上述资金仍未能追回。

风险剖析：内外勾结要警惕，身份信息保管好

本案中，L 某作案手段得以顺利实现的关键在于两个方面：一是利用商会会长、成功人士的"光环"，从身边熟识的人下手，利用其信任骗取身份证明；二是银行员工 H 某和 Y 某与其"里应外合"，配合完成办理信用卡的调查审批和额度调整等流程。具体来看：

（1）要保管好身份证明与个人信息，防止身边人"杀熟"。本案中，L 某下手的对象都是其亲属、老乡等熟识的人。在其他案例中，也屡次出现轻信同事、同学、亲戚和朋友的推介而被冒名办卡的情况。此外，街边和商场超市常有不少人在推广信用卡业务，这些摊点有真有假，有不少骗子就是在这些地方借代办信用卡骗取人们的手续费和各种信用及身份证明材料，一定要跟对应银行核实他们是否有在这些地方设点推广信用卡业务。还有一些单位会集体给员工代办信用卡，这种情况一般是主管或者经办负责统一收集各种资料并与银行对接，一定要警惕过程中被冒名代办的可能。

（2）要警惕银行人员内外勾结与履职不到位。本案中银行客户经理明知 L 某骗取他人身份证明、伪造相关资料冒名申办大额信用卡，存在信用卡资金被不法分子套用风险，其不但未履行应尽职责，反而与 L 某内外勾结，并进一步拉拢上级行审批人 Y 某，帮助 L 某完成 110 余张信用卡冒名开户及提额申请。银行有明确规定，信用卡申请需"亲访亲签"，且受理人

与调额推荐人不能为同一人,体现了银行内部合规管理、防范风险的审慎精神。但客户经理H某利用其特殊身份,利用网点员工对其的信任,突破了制度约束。网点经办员工在面对H某提出明显违规操作要求时,也未能坚持原则,未严格履行岗位职责,致使银行多道内部控制与风险防控流程形同虚设。此外,该银行对信用卡办理客户都有电话回访进行身份核实,本案中L某在为不同受害人办卡时预留的都是自己或者其同伙的电话,银行电话客服也未对多名办卡人预留同一电话的异常情况予以重视并进一步核实,导致电话回访这道"防线"失效,未能有效防止风险发生。

风险提示:透支消费要理性,安全意识不能少

随着人们消费观念的不断改变,"超前消费"慢慢走入普通老百姓的生活,信用卡作为实现"超前消费"的重要手段与媒介,与个人的身份信息、征信记录等息息相关,也成为不法分子套取资金的重要渠道。作为普通消费者,要牢牢记住以下几点。

(1)要树立理性的消费观,不要相信"天上掉馅饼"。办理信用卡要与自己的收入情况、消费能力相匹配,不要盲目追求高额度而去相信网上、街边满天飞的代理办卡信息。骗子代办信用卡一般会宣称可以不需要任何资质,额度可以直接几十万元、上百万元。事实上,正规的信用卡办理渠道都要严格审核申请人的还款能力,需要通过银行流水、单位收入证明等进行佐证。卡片透支额度一般也是根据消费与还款情况,在使用过程中逐步提高,不会给予过高的初始额度。尤其是一些在校大学生,一没有稳定工作和收入来源,二没有房产、汽车等固定资产,却轻信网上所谓的"零资质、高额度"信用卡代办,轻则被骗取身份信息和手续费,重则像案例中一样被冒名办卡进行透支套现,未出校园便背上巨额债务并影响征信记录。

(2)要养成安全办卡、用卡的意识。要通过正规机构和渠道申办信用

卡。办卡中要用到各种证件复印件等资料时，一定要对它们做好签注，最好用不褪色的笔或者专用的印章，声明复印件的当次用途，他用无效，复印无效，还可以在签注加上日期和签名，防止被冒用。办理了信用卡后，一定要注意查询办卡进度，注意收取银行邮发的卡片。如发现不能收到，要及时联系银行，作废该卡，以免被别人冒领。已有信用卡不要轻易借给别人使用，更不能把信用卡网银信息泄露给别人。信用卡网银是可以申请附属卡的，如果信用良好，还可以申请新卡并无须重新提交资料，一旦信用卡网银信息泄露，不但有可能被别人网络盗刷，还有可能被别人冒名申请新卡和附属卡。

（3）要高度重视个人身份信息保密，防止被盗用冒用。不法分子盗用、冒用身份信息不仅仅局限于办理信用卡，还包括注册虚假企业、办理电话卡、申请贷款等，都能给受害者带来不同程度的损失。作为普通老百姓，不但要高度重视身份信息的保密，防止信息被冒用给自身造成损失，更要清醒地认识到法律法规对主动提供身份信息帮助犯罪的严厉处罚。相关法律规定，实名办理电话卡、银行卡、对公账户提供给诈骗人员使用，涉及电信网络诈骗案件的，将可能因涉嫌帮助信息网络活动犯罪、妨害信用卡管理罪、非法提供信用卡信息罪、非法利用信息网络罪、诈骗罪等违法犯罪而被警方依法刑事拘留，切勿为了蝇头小利，或者出于对"身边人"的信任、碍于情面，出租、出借身份证件甚至卖卡。

（4）要时刻保持警惕，及时采取维权措施。作为普通消费者，不能完全寄希望于银行的内部控制措施来防止冒名办卡的发生，要定期查询自己名下的银行卡和申请贷款信息。如果自己没有申请办理任何信用卡，却莫名接到银行信用卡中心的办卡确认电话，或者收到银行信用卡中心的账单、贷款逾期通知，不要慌张，更不要置之不理或是采用不当措施。一定要到银行调阅当时的办卡、贷款申请资料，看是否本人签字；可能的话最

5. 警惕冒名办卡风险

好与业务经办人和审批人进行沟通了解清楚实际情况，重点关注尽职调查、"亲访亲签"等制度如何执行。在初步判断是否存在银行工作人员配合不法分子冒名办卡的情况后再采取相应的措施，如有必要应及时向公安机关和金融监管部门反映，保障自身的合法权益。

6. 银行卡"隔空"盗刷要当心[①]

金融消费者是金融市场的重要参与者,也是金融业持续健康发展的推动者。加强金融消费者权益保护,是防范和化解金融风险的重要内容,对提升金融消费者信心、维护金融安全与稳定、促进社会公平正义和社会和谐具有积极意义。通过日常典型案例宣传警示,开展金融消费者宣传教育工作,绷紧案件防控之弦,可以达到防患于未然,防微杜渐的良好效果。我们来看下面这则案例。

惊心:卡在兜中未离身　资金异地不翼飞

时年51岁的客户W先生在当地A行开立了磁条借记卡账户用于日常储蓄理财之用,开户时并未开通手机短信通知功能,后续也未自助开通微信动账提醒功能,其间账户一直正常使用。

2020年7月25日11时56分,W先生在当地某电器商城消费1499元,14时08分在商城1楼某自助银行ATM现金取款300元用于支付物业费。不料,当日15时45分至47分该账户在千里之外的海南某市共计消费51410余元,但由于未开通短信提醒和微信动账提醒功能,W先生并未及时

[①] 本文作者:杨潇,就职在汇丰银行(中国)有限公司西安分行西大街支行,于2021-07-13发表在中国银行保险报网。

发现。7月27日、7月28日、8月1日、8月2日W先生又陆续在当地消费、取现约5100元，均无异常。待8月3日午间，W先生在A行网点购买理财产品时余额不足；经柜员查询流水方发现卡内资金51410元于7月25日分数笔在海南某市4家POS商户消费，A行建议W先生立即报案。当日下午，W先生至当地派出所报案，同时诉至当地人民法院要求A行赔付存款51410元及孳息。

经审理，一审法院认为，根据W先生提供的2020年7月25日14时08分ATM取款记录显示，客户于当地ATM取现300元之后不到2个小时的时间内，账户在海南某市4台POS机上连续进行刷卡消费操作。因W先生并未开通手机短信通知功能，未在交易当时得知盗刷属合理。短时间内跨省异地消费存在逻辑上的明显不合理性，且也未核实到W先生有当日往返当地与海南某市两地的出行记录。由此足可证明W先生并不存在人卡分离的情况，异地消费当认定为伪卡盗刷交易。同时，A行无证据证明客户未妥善保管银行卡及密码，且对于犯罪分子使用伪卡交易未能从技术上识别，存在过错。法院即判决A行赔偿客户W先生本金51410元及孳息。一审后原被告双方均未提出上诉。

安心：卡片新规暖人心　出现纠纷易厘清

日常生活中，银行卡盗刷等犯罪行为多发，严重损害持卡人经济利益。银行作为发卡方，从银行卡业务中获利，因而有义务针对银行卡及交易系统存在的风险隐患，建立完善的检测、评估、维护、升级机制，及时升级银行安全技术，提升银行卡等物理设备及交易环境的安全性能。

根据今年5月25日最高法发布的《最高人民法院关于审理银行卡民事纠纷案件若干问题的规定》(以下简称《规定》)，银行卡盗刷分为伪卡盗刷交易和银行卡网络盗刷交易两种，其中伪卡盗刷交易是指他人使用伪造的银行卡刷卡进行消费、取现、转账等,导致持卡人账户发生非基于本人意愿的资金减少或透支数额增加的行为。根据《规定》中"谁主张谁举证"以及"谁占有证据谁举证"的举证责任分配原则,第一、第二款规定,持卡人主张争议交易为伪卡盗刷交易或者网络盗刷交易的,可以提供生效法律文书、银行卡交易时真卡所在地、交易行为地、账户交易明细、交易通知、报警记录、挂失记录等证据材料进行证明。在该案件中,W先生可提供有力证据,举证其本人交易和争议的异地交易在时间和空间上的逻辑存在明显不合理性,当属仿冒伪卡取款;在银行方无法举证客户存在主观泄露密码行为和客观保管密码不当的情况下,银行即应当承担赔偿责任。

留心:卡和密码保管好　资金异常快报告

从该案件的细节中我们发现,W先生于2014年办理的卡片是一张磁条借记卡。自2014年下半年起,为杜绝日益猖獗的银行卡盗刷案件风险,各商业银行陆续发行了符合POBC2.0标准的芯片卡,通过近年来的大力宣传,目前绝大部分使用中的银联银行卡已经更新为芯片借记卡。持卡人应在妥善保管银行卡信息与密码,尽到卡、密码妥善保管、使用注意义务的同时,及时更换安全防范技术更高的芯片卡,同时开通手机短信通知或微信动账提醒功能,及时掌握银行卡资金变动情况。在发现卡被盗刷的情况下,持卡人应立即收集非本人使用的证据并与银行联系、同时向公安机关报案,固定证据,及时止损。若持卡人未尽法定义务,对损害产生及损失扩大存有过错的,则应视过错程度承担相应责任。

做好金融消费者权益保护工作是维护金融稳定的基础,不仅关乎银行业健康可持续发展,而且事关社会公平正义与社会和谐。银行业金融机构应深刻理解消费者权益保护工作的急迫性和必要性,强化消费者合法权益保护,以更好地满足客户需求和严格落实监管要求为准则,以提高产品和

6. 银行卡"隔空"盗刷要当心

服务质量为重点,以升级案件防控手段为抓手,全面打造消费者保护工作的新格局。同时,不断完善消保委员会工作机制、更新消保工作制度、落实消保宣教制度和内部消保考核制度,进一步推进消费者权益保护工作体制机制建设,不断完善相关工作制度,共创安全、稳定的金融环境。

7. 警惕"出借""买卖"银行账户风险[①]

伴随着科技进步，支付工具更加多样，方便了老百姓的生产生活需要，但同时，犯罪分子的诈骗手段也花样百出，利用买卖、出借借记卡诈骗的行为频发。对此国家开展"断卡"行动，银行系统加强了I类卡开户及交易审核。但是犯罪分子十分狡诈，在不断摸索中掌握银行审核流程，并伪造各类相关辅助证明材料，提供给审核人员，延长审核时间，以达到其作案目的，干扰金融秩序，影响金融稳定发展。

案情简介：客户"花式"开卡，动机不纯

2021年4月某日上午，A客户来C银行网点办理借记卡开卡业务，网点工作人员随即询问A客户开卡用途，A客户表示所办为工资卡，并提供了加盖公章的单位证明材料。经网点系统查询，发现该公司和C银行并无工资代发关系，也未开立过对公账户，随即工作人员向A客户询问该公司人资部门电话，接通后，工作人员询问该公司人资对公账户，对方含糊其词，语言前后矛盾，A客户见此随后表示不再办理，愤而离开。

当天下午，B客户持同一公司证明来C银行网点办理开卡业务，工作

[①] 本文作者：高媛，就职在交通银行陕西省分行电子城支行，于2021-09-07发表在中国银行保险报网。

人员发现其持有的证明文件与 A 客户同一姓名，随即调查监控发现两人持同一资料。询问过程中，该客户频繁表示不办理就要投诉，并作出拨打投诉电话的动作，银行工作人员向其说明审核流程的必要性，并展示"断卡"公告与法律提示，婉拒了 B 客户。

以上案例虽未产生实质性不良后果，但从客户一系列行为可以看出，其开卡目的和动机明显不正常，有借用（买卖）银行卡账户以作他用的嫌疑，值得怀疑和警惕。

鉴于当前买卖账户现象频繁，银行业应加强银行卡开户审核流程，对于存疑客户，及时反映上报，避免更多人受害。《中国人民银行关于加强银行卡业务管理的通知》（银发〔2014〕5号）第一条第一款规定："发卡银行应严格执行客户身份识别制度和银行账户实名制，认真审核银行卡申请资料的真实性和有效性，确保银行卡申领为客户本人真实意愿……"在新开卡过程中，银行从业人员必须谨慎审核，细致观察，对于身份可疑及言语闪烁的客户、群体性开卡务必提高警惕。同时，对于随时携带所有辅助证件、熟悉流程的可疑客户要进一步核实信息，多渠道全方位确认客户信息的真实有效性。部分客户对于出借、买卖银行卡风险认识不清，工作人员需做好宣传解释工作，注意自身语言措辞与态度，避免引起客户不满。

案情剖析：买卖银行卡存在法律风险

（1）影响个人征信，危害个人生活出行

目前，人民银行已将 1.5 万名非法买卖银行账户和支付账户的人员纳入失信惩戒名单，根据《关于加强支付结算管理　防范电信网络新型违法犯罪有关事项通知》（银发〔2016〕261号）文件规定："加强账户管理，经设区的市级以上公安机关认定的用于出租、出借、出售用途等开立银行账户或者支付账户的单位和个人，5年内不得新开银行账户、支付账户，不得使用银行的非柜面业务，不得使用支付账户，相关单位和个人被纳入金融基础信用信息数据库并向社会公布（包括手机银行、网上银行以及POS刷卡，同时关联微信与支付宝支付）。"

换句话说，名单内人员将告别手机支付，商店买水都只能给现金，无法乘坐动车、飞机出行，基本告别信用卡、车贷、房贷。

（2）触犯法律法规，承担民事、刑事责任

大多数消费者对于买卖银行卡所承担的责任还处于不了解的状态，往往容易被蝇头小利所诱惑，认为只是空卡没钱，卖掉也无所谓。但是殊不知犯罪分子正是利用这一点来诱导他人共同犯罪。买卖银行卡被犯罪分子利用实施诈骗不仅要承担经济责任、民事责任，严重的更有可能会承担刑事责任。《银行卡业务管理办法》第二十八条规定："银行卡及其账户只限经发卡银行批准的持卡人本人使用，不得出租和转借。"第五十九条规定："持卡人出租或转借银行卡及其账户的，发卡银行应当责令其改正……"《中华人民共和国刑法》第一百九十一条规定："明知是……破坏金融管理秩序犯罪、金融诈骗犯罪的所得及其产生的收益，为掩饰、隐瞒其来源和性质，提供资金账户的"，涉嫌洗钱犯罪，"没收实施以上犯罪的所得及其产生的收益，处五年以下有期徒刑或者拘役，并处或者单处洗钱数额百分之五以上百分之二十以下罚金。"

（3）泄露个人信息，危害自身安全

在这里必须提醒广大金融消费者，要规范使用银行卡，除自己本人使用外不要转借他人或者公司。要妥善保管好个人证件、密码等重要信息，保管好自己的身份证、银行卡等重要证件，不要随意泄露自己的个人信息，不为了与人方便或者贪图小利，造成自身损失。

《中华人民共和国合同法》第六十条规定："当事人应当按照约定全面履行自己的义务。银行按照与消费者约定的凭密码支付或凭签名支付方式，在网上交易、移动支付等非柜台交易模式下依据正确的密码输入或签名为消费者办理资金结算、交割业务，属于合同法规定的适当履行义务。在银行不存在过错的情况下，消费者出现交易损失的由自己承担。"

风险防范：重视自我约束，远离风险

一是妥善保管好自己的身份证、银行卡、蓝牙 key 等账户工具，保护好登录账号和密码等个人信息。对于已经销户的银行卡，应及时毁损后再妥善丢弃，对于在银行办理业务后带有个人信息的凭证回执，要保管好，如果不需要，及时用碎纸机碎掉，不要随意丢弃。

二是主动清理本人名下的银行账户和支付账户，撤销已经不用或者极少使用的账户。银行卡与有效身份证件丢失后应立即办理挂失手续，若不方便去银行，可以先通过电话等做临时挂失，再去银行及时办理正式挂失，并取出资金暂停使用，以免盗刷，造成资金损失。

三是按照银行和支付机构要求，积极配合确认开立账户的合理性与真实用途，并根据需要配合开展身份核实。使用本人证件办理银行卡，预留电话、地址信息必须为本人的，真实有效，方便银行及时联系核实。对于因身份被不法分子冒用开户的，相关个人获悉后应当及时向银行和支付机构出具被冒用身份开户并同意撤销的声明，保护好自己的财产安全与金融信息。

8. 买卖银行卡,面临牢狱之灾[①]

用身份证办张银行卡,出售就能赚到 100~400 元,遇到这种"好事",你会心动吗?你会卖给陌生人使用吗?

本文通过对一起买卖银行卡案例的分析和阐述,提醒广大金融消费者,尤其是涉世未深的年轻金融消费者,应增强法律意识,保护好自己的银行卡及个人金融信息,切莫为蝇头小利出租、出借银行卡及银行对公账户,否则得不偿失。一旦被一些不法分子利用,就容易成为其违法犯罪的工具。

银行卡不是你想卖就能卖

小 A 在网上购物时加入了一个购物群。一天,群里有人发消息给他:"租赁、收购个人银行卡、企业对公账户,银行卡出租每月 400 元,买断 800~1000 元,开通网银价格从优。不用自己跑腿,提供相应资料和证件即可,有意可联系。"小 A 刚从学校毕业不久,最近赋闲在家,一听便有些心动,于是询问详情。对方回复:"提供身份证件即可,自己办理好的银行卡也可。企业对公账户价格更高,8000~10000 元,不过所需材料较多。"小 A 一想,办卡几乎没有成本,自己的银行卡想怎么处置就怎么处置,这能

[①] 本文作者:梁慧,就职在长安银行,于 2020-08-13 发表在中国银行保险报网。

小赚一笔呢！于是，他办理了3、4张不同银行的银行卡，以每张800元的价格卖给了对方，并按对方要求设置了密码。企业对公账户所需资料比较多，手续也相对繁复，他也就没有办理。交易后，他将此事抛之脑后。几个月后，小A忽然接到了公安部门电话，要求其配合调查。原来，他出售的银行卡被不法分子用来从事电信诈骗、洗钱、逃税等违法行为，公安部门要求小A协助调查，给他带来了巨大的法律风险和心理压力。

买卖银行卡必将面临监管惩戒

根据《中国人民银行关于进一步加强支付结算管理 防范电信网络新型违法犯罪有关事项的通知》的规定，加大对买卖银行账户和支付账户、冒名开户惩戒力度。自2019年4月1日起，银行和支付机构对经设区的市级及以上公安机关认定的出租、出借、出售、购买银行账户（含银行卡）或者支付账户的单位和个人及相关组织者，假冒他人身份或者虚构代理关系开立银行账户或者支付账户的单位和个人，5年内暂停其银行账户非柜面业务、支付账户所有业务，并不得为其新开立账户。惩戒期满后，受惩戒的单位和个人办理新开立账户业务的，银行和支付机构应加大审核力度。人民银行将上述单位和个人信息移送金融信用信息基础数据库并向社会公布。一旦被认定出租、出借、出售银行账户（含银行卡）或者支付账户，则该人5年内不能使用自助存取款、不能刷卡购物、不能使用微信、支付宝关联银行卡进行任何支付结算。即使惩戒期届满，办理新开立业务的，银行和支付机构也将加大对其的审核力度。在如今的信息社会，受到这样的惩戒在经济生活中简直是寸步难行，极其不便。

买卖银行卡可能面临牢狱之灾

据报道，2019年我国公安部成功摧毁一个特大买卖银行卡和企业对公账户的犯罪团伙，共抓获涉案犯罪嫌疑人631名，缴获银行卡11220张、企业对公账户1886个，查扣了一大批手机卡、U盾、公章等涉案物品。经查，自2018年以来，数个藏匿在菲律宾的犯罪团伙通过互联网发布广告，大肆招募在校学生、城市务工人员等卖卡人到各银行开办银行卡和企业对公账户。买卖双方通过微信或银行卡转账的方式完成交易。其中，银行卡"四件套"包括身份证件、银行卡、手机卡、U盾，一般每套500~1000元，经层层转卖加价，最高可以卖到每套3000元。企业对公账户相关材料包括对公银行卡、U盾、法人身份证、公司营业执照、对公账户银行申请表、公司公章、法人印章、公司章程等，每套8000~15000元。随后，组织者将收集到的银行卡运往东南亚的电信网络诈骗犯罪窝点作为重要作案工具。

买卖银行卡，极可能被收卡人用来从事非法活动，给自己带来巨大的法律风险。若明知他人利用信息网络实施犯罪，为犯罪提供支付结算（含提供银行卡及对公账户的行为）等帮助，或明知他人实施诈骗犯罪，仍为其提供银行卡、支付结算等帮助的，或明知是毒品犯罪、黑社会性质的组织犯罪、恐怖活动犯罪、走私犯罪、贪污贿赂犯罪、破坏金融管理秩序犯罪、金融诈骗犯罪的所得及其产生的收益，为掩饰、隐瞒其来源和性质，提供资金账户的，则可能成为诈骗罪、帮助信息网络犯罪活动罪或洗钱罪共犯。

而触犯刑法的法律后果，比起行政处罚，更加严重，牢狱之灾，说来就来。洗钱罪没收犯罪所得及其产生的收益，处五年以下有期徒刑或者拘役，并处或者单处洗钱数额百分之五以上百分之二十以下罚金；情节严重的，处五年以上十年以下有期徒刑，并处洗钱数额百分之五以上百分之二十以下罚金。帮助信息网络犯罪活动罪，情节严重的，处三年以下有期徒刑或者拘役，并处或者单处罚金。诈骗罪，诈骗公私财物，数额较大的，处三年以下有期徒刑、拘役或者管制，并处或者单处罚金；数额特别巨大或者有其他特别严重情节的，处十年以上有期徒刑或者无期徒刑，并处罚金或者没收财产。《关于办理电信网络诈骗等刑事案件适用法律若干问题的意见》规定，构成非法利用信息网络罪、帮助信息网络犯罪活动罪，同时构成诈骗罪的，依照处罚较重的规定定罪处罚。明知他人实施电信网络诈骗犯罪，提供信用卡、资金支付结算账户、手机卡、通信工具的，以共同犯罪论处，但法律和司法解释另有规定的除外。

别让自己的银行卡成为不法分子"犯罪的工具"

出借、出租银行卡危害很大、后患无穷：对个人而言，不仅泄露了个人重要信息，还会有为自己带来严重的信用风险和被限制使用金融服务的可能。对社会而言，可能为电信诈骗、洗钱、逃税、行贿受贿等犯罪行为提供了便利条件，破坏了金融市场秩序和社会诚信环境，同时危害广大人民群众的财产安全。

当然，如果并非本人出租、出借银行卡或者对公账户，如银行卡遗失或者被人盗用自己银行账户的，消费者也可以进行申诉。持卡人不认同公安机关认定其买卖银行账户的，银行和支付机构应当及时告知其认定涉案事实的公安机关名称，持卡人可向认定涉案事实的公安机关进行申诉。银行和支付机构重新核实开户人身份后，可以恢复除涉及电信网络新型违法犯罪的账户外的其他账户业务。开户人确认账户为他人冒名开立，应当向银行和支付机构出具被冒用身份开户并同意销户的声明，银行和支付机构及时予以销户。

银行卡风险防范提示

前事不忘，后事之师。为避免银行卡被盗用，切实维护自身权益，提醒广大金融消费者注意以下事项：一是妥善保管。自己的身份证、银行卡、网银 U 盾等账户存款工具要充分重视，保护好登录账户、密码等个人信息。二是分开放置。个人银行卡与有效身份证件要分开放置，避免同时丢失后被不法分子盗刷，并影响后续办理挂失及补办卡片等手续。三是及时销户。长期不用的银行卡片应当及时予以销户，并将卡片磁条和芯片毁损，勿要随意丢弃。四是及时举报。发现买卖银行卡和身份证件的违法犯罪行为，及时向公安机关举报，配合公安机关、发卡银行等部门做好调查取证工作。

9. 谨防银行卡被"调包"[①]

银行卡"调包"是指当客户在自助设备上输入密码时，有分工不同的不法分子进行窥探，在客户进行取款操作或查询信息时，不法分子迅速走到客户身后，通常为伺机在客户左侧地面投掷钱包、现金、银行卡等"诱饵"，并"善意"提醒客户。当客户弯身捡拾钱物时，不法分子趁机完成银行卡"调包"；或者是不法分子预先捏持两张银行卡，其中一张和客户的银行卡相同，当客户数钱或查看机器上的信息时，不法分子突然从客户身后或者侧位伸手向机器插卡口佯装取卡，客户以为对方要把自己的卡取走，本能地从不法分子手中夺回"自己的银行卡"离开，不法分子完成"调包"。此时，客户的银行卡还在机器中，且处于可操作状态，不法分子或直接取款、转款，或更改密码后在他处的自助设备上迅速将卡内的现金取走、转移。银行卡"调包"案的最大特点是作案时间短暂，不易辨识，成功率高，事后易脱身，甚至在保安执勤、大堂经理在岗的情况下，不法分子也能完成作案并逃脱。

[①] 本文作者：刘会洲，就职在中国建设银行陕西省分行，于 2020-10-13 发表在中国银行保险报网。

案情介绍：银行人员警惕高，"调包"惯犯落法网

某日傍晚，古城西安，暮色沉沉。灯光映照下的 A 支行自助银行里，几位客户正在办理业务。门外隐蔽处，几个人环顾着周边的一切。此时，一个身穿黑色 T 恤的小伙儿走进自助银行，一边小声接听电话，一边用警惕的目光扫视门里门外的人。突然，黑衣小伙儿指着一位身穿白色 T 恤的高个男子，大喊："就是他！"话音未落，门外几名男子蜂拥而上，将该男反剪双臂，戴上手铐。见状，门外一小个男子撒腿就跑，但被守候已久的几名便衣人扑倒在地。周围群众还没回过神来，两名男子已被带上警车。原来，这两名男子是刚刚在该自助银行实施了"调包"作案的不法分子，抓捕他们的是派出所的便衣民警。

事情还要从头说起。当日 17 时 40 分，某银行保卫部门的带班长在监控屏幕发现 A 支行自助银行进来几名男子，相貌酷似最近在多个网点对顾客实施银行卡"调包"的不法分子。他遂通知值机员一起，通过双路画面"全程跟踪"，并召集其他值机员共同审视判定，确认了"调包"不法分子团伙成员。17 时 41 分，带班长一边报警，一边报告值班领导。17 时 44 分，正当 110 核实报警信息时，不法分子便对一名女子实施"调包"，带班长马上通过监控对讲喊话，试图吓阻。不法分子有恃无恐，仍然实施了"调包"。17 时 45 分，女子发现银行卡被"调包"。值机员对讲建议其尽快挂失银行卡。

夜幕渐渐降临。19 时 56 分，该带班长发现在 A 支行"调包"的不法分子，出现在 B 支行自助银行。他立即拨通了辖区派出所办案民警预留的电话，请求立即出警。民警赶赴现场途中，通过监控他发现自助银行外有不法分子放哨，又两次电话告知办案民警做好准备，避免打草惊蛇。19 时 59 分，3 名犯罪团伙成员又在 B 支行自助银行对一男子实施"调包"。由于客户警惕性高，未能得逞。20 时 05 分，辖区派出所民警赶到现场，带班长一边通

过屏幕观察犯罪嫌疑人动向,一边通过电话引导民警辨认犯罪嫌疑人。于是,很快就发生了开始的那一幕。

至此,这个在自助银行频繁实施"调包"作案两年之久的犯罪团伙2名主要成员被成功抓获。不久,此案不法分子均被判处有期徒刑。

调包案基本特点:三多一难

调包案件通常先设"诱饵"转移视线,后实施"调包",也有强行插卡直接"调包"的情况。有如下特点:

一是大多发生在位置相对繁华的自助银行内;二是大多集中在营业网点下班后至22时左右;三是对象大多为单个女性客户;四是难发现,现场抓捕极其困难。其手法隐蔽、快捷,成功率较高。

"破案"分析:认人是关键

据了解,虽然全国各家银行建立远程监控中心的不在少数,但成功抓获"调包"案件的不法分子比较少见。该行监控中心值机人员依靠自己的智慧和高度责任心,在连续成功堵截4起银行卡"调包"案件的基础上,最终将不法分子捕入了法网,出色地履行了自己的工作职责。事后,该市的几家电视台、主要平面媒体和网络媒体均报道了此事。这起案件还入选了公安部"网上作战100个经典案例"(警民联合破案案例),辖区派出所还给该银行送去了锦旗表示感谢。

该监控中心之所以能发现此类案件,是因为除了强化重点时段的重点监控,和公安机关建立直线联系等措施,"认人"成为发现案件的关键环节。"调包"案的最大特点是不法分子作案技术娴熟,作案时间极短。该监控中心通过案件分析,80%案件的作案时间在1分钟左右,最短的30多秒,最长的不超过2分钟,如果稍不留神,将很难发现这些案件。只有认清了不法分子，在他们进入网点环境的瞬间发现他们，才有可能发现和堵截这类案件。对此，该中心只要发现一起案件，就将不法分子的作案录像，以及视频截图发放在大屏上，让值机员反复熟记、辨认。该中心总结的以"认人"为前提条件的预防案件经验，对后来预防、发现、堵截不法分子ATM系列案件起到了关键性作用。

风险提示

（1）银行应加强安全管理和检查巡查

① 银行应不断熟悉和了解不法分子作案的特点、规律和手段，增强预防、发现和堵截案件的能力。

② 银行要充分发挥远程监控中心作用，通过增加智慧管理功能，提高防范专业技能，及时消除风险隐患。

③ 检查摄像头是否对准目标，有无焦距不清、被遮挡或因镜头灰尘影响画面质量的情况，保证自助银行监控装置运行正常，为破案保留电子证据。

④ 营业期间，工作人员和保安应不间断地巡查自助区域设备，发现长时间滞留徘徊的可疑人员要立即询问和劝离。

⑤ 夜间执勤和巡查人员，对戴鸭舌帽、墨镜、口罩，双人长时间在自助银行逗留等情况应多加关注。

（2）客户应提高安全防范意识

① 客户用自助设备办理业务前，要观察周围环境有无可疑人员，查看设备外观有无异常。

② 尽量选择有防护舱的自助设备，进入防护舱后确认舱门是否锁好。若是无防护舱的自助设备，操作时要专心细致，不受旁人干扰，对有意靠近的人要告诫其退到1米线外，对方不听劝告时，可退卡等待。

③ 若多人围观、"过分热情"进行操作提示,要格外提高警惕。

④ 不法分子"调包"时通常会先设"诱饵"转移视线,客户切记不要因贪图蝇头小利而上当受骗。

⑤ 不法分子自助设备作案,大多选择客户在取完款或查询完业务后,机器等待输入"继续"还是"退卡"命令这30秒的时间下手。此时,客户一定要特别警惕。

⑥ 夜间在自助设备办理存取钱业务时,最好双人结伴而行。如遇"调包",应在第一时间报警或按报警按钮,若无法报警时,保护自己人身安全比什么都重要。

⑦ 牢记自己的银行卡特征。在卡背后的签名处用红色等鲜艳的油性笔写上自己的姓名,记住自己卡号的后几位数。建议持卡人在自己的银行卡正、反面都做上醒目、易识别的记号,一旦发生情况,即可辨别自己的银行卡。

⑧ 若发现银行卡被调包、信息被盗、卡被复制等情况,要在第一时间挂失。

⑨ 对自己办理业务后留下的所有业务凭条,一定要妥善保管或彻底销毁。

⑩ 建议持卡客户开通银行卡短信通知服务,以便及早发现自己银行卡的非正常操作业务。

案件发展趋势和思考

(1)银行自助设备调包案件发展趋势

"调包"案件随机性大,地域不固定,很难提前预测,不易发现。部分不法分子熟悉银行技防系统,反侦察能力极强,难以抓捕,给客户和银行带来损失,对银行声誉造成影响,给社会带来危害。近年来还呈现出以下趋势：

一是有由夜间作案向白天作案发展的趋势；二是有由单人、结伙作案向集团化作案发展的趋势；三是有由同区域作案向跨地域远程合作作案发展的趋势；四是有由常规的欺诈型作案向持械抢劫等暴力性作案发展的趋势。随着不法分子"调包"作案成功率的提高，个别不法分子愈加胆大妄为。

（2）自助设备案件防范思考

道高一尺，魔高一丈。不法分子"调包"作案手段会不断变化、升级、创新，这对银行管理人员的防范能力和手段是一个严峻的考验和挑战。采取切实预防措施，全力杜绝不法分子侵害银行、侵害客户、利用自助设备作案的行为，千方百计保障客户利益，提高银行声誉，构建和谐社会是政府、公安司法、媒体等社会环境综合治理部门和银行业的共同责任。建议如下：

①将靠人海战术发现案件转变为智能化预防措施是必然趋势。通过升级自助设备、远程监控系统硬件和软件，提高自动识别功能，实现人机结合是一种有效的案件防范手段。

②安全防护舱是一种比较理想的案件防范措施，建议予以普及。

③银行要与自助设备片区派出所、巡警等建立直线联系。案发时，可直接和民警联动，省去110二传手环节，缩短出警时间，提高反应速度。

10. 防范银行卡境外被盗刷[①]

银行卡作为人们生活消费中最普遍的支付方式，其安全问题一直受到消费者的广泛关注。近年来，随着移动互联网的发展，银行卡越来越多地与第三方支付、手机应用程序产生关联，科技在进步的同时，银行卡盗刷事件也越发常见，特别是境外盗刷，一旦发生，由于地域的限制，款项很难追回。本文通过一起真实的银行卡境外被盗刷案例，提醒广大金融消费者切记维护自身信息安全，保障自身资金安全。

案情回顾：银行卡境外被盗刷 第一时间挂失报警

A银行客户张某，于2019年6月8日通过A行客服电话反馈其银行借记卡疑似在印度尼西亚被盗刷，盗取金额合计人民币5957.26元，盗刷方式是分五次通过ATM自助取款。客户称盗刷当日，本人和银行卡均在意大利，当时客户本人收到连续短信提醒后，意识到自己的银行卡可能被他人盗刷，于是立即向意大利警方进行了报案，并在意大利警方的陪同下在意大利最大的商场进行了一笔刷卡交易，客户向我行提供了交易凭证及当日在意大利报警的相关证明材料，证明当日本人及银行卡确不在印度尼西亚。客户回国后，也同时向我国警方进行了报案。但对于盗刷金额的偿还

[①] 本文作者：晏晓樱，就职在成都银行西安分行，于2020-10-27发表在中国银行保险报网。

责任，双方产生了分歧。最终，通过陕西省金融消费纠纷人民调解委员会调解，双方达成一致解决方案。

消费者权益保护小建议：财产保护有四招

一是建议开通短信提示业务。特别是有大额资金的账户，一定要增强防范意识，以便第一时间知晓卡内余额变动情况。

二是增强保存证据意识。当银行卡发生不明交易时，应立即到就近的银行自助取款机或柜台办理一笔小额的取款交易并保留好相关凭证。如银行卡仍有大额取款应第一时间办理挂失手续，并立即报警，并向公安机关证明银行卡在自己身上。

三是刷卡一定要到正规商铺。使用银行卡消费时建议尽量到正规的商铺，以免被不法分子在不正规商铺通过设备和软件盗取银行卡信息和密码。

四是不要代为交易、使用不明链接交易。使用银行卡时不能将卡和密码交由他人代为交易支付。银行转账时尽量到银行网点进行交易，或通过银行官方网站、手机App进行转账，不要通过不明链接进行转账。

银行卡使用法律常识

储户在银行办理储蓄卡，双方之间形成储蓄存款合同，银行有保护储户存款安全的义务。银行作为发卡方，负有保证银行卡唯一性和不可复制性的义务，在无证据证明原告主动或者客观上帮助他人实施取款、转账、消费行为的情况下，应当认定是他人盗取了银行卡账户上的资金。

风险提示：日常防护不可少　客户银行要谨记

银行卡盗刷说到底，根源还是个人金融信息泄露，在人民银行发布的《个人金融信息保护技术规范》中，根据个人金融信息遭到未经授权的查看或未经授权的变更后所产生的影响和危害，将个人金融信息按敏感程度从高到低分为 C3、C2、C1 三个类别，发生异地银行卡盗刷则必然发生了信息泄露，而且泄露的信息属于 C3 类别。也就是说只有拿到了 C3 类别的数据才足够犯罪嫌疑人制作伪卡、完成身份认证。而信息泄露的原因主要是客户金融安全意识淡薄，资料保管不谨慎造成。比如客户在进行银行业务操作时，风险防范意识不强。如密码设置简单、轻信不明号码发送的短信等都有可能泄露个人信息；或是对印有个人重要信息的资料管理不谨慎。如部分客户在办理业务后，随意丢弃凭条，为不法分子获取私人信息提供了可乘之机等。

作为银行，也应切实做好客户个人信息的保护工作：一方面，建立健全客户信息保护机制，完善调阅、查阅等信息交接环节责任，明确规定员工的保密义务以及对于客户信息保护不力导致损失的责任等；另一方面，应完善信息安全技术防范措施，确保个人金融信息在收集、传输、加工、保存、使用等环节不被泄露。同时加强对从业人员的培训，强化从业人员个人金融信息安全意识，防止从业人员非法使用、泄露、出售个人金融信息。

11. 守护好自己的银行账户[①]

近年来,一些不法分子唯利是图,诱骗他人买卖银行卡或者虚假办理对公账户,使得银行卡或账户成为跨境赌博等违法犯罪的作案工具,严重危害人民群众财产安全,破坏社会金融管理秩序。作为普通消费者,要如何练就"火眼金睛",不让自己的银行账户成为跨境赌博的作案工具?下面就一起具体的案例进行分析解读。

案件简介:跨境赌博资金转移"套路多"

2020年6月,警方破获"4·9"跨境赌博大案,这是一起典型的通过"跑分平台"为跨境赌博提供资金结算的案件,涉案资金流水超300亿元。该案件中,涉赌资金的转移方式为:注册成为"跑分平台"会员需要上传本人的账户或支付二维码,并向"跑分平台"充值押金;赌客登录境外赌博平台充值赌资时,境外赌博平台将充值信息发布至"跑分平台",平台注册会员采取类似网约车的方式进行抢单;会员抢单成功后,赌博平台前端便会显示该会员的账号或支付二维码,赌客通过二维码直接将赌资转给"跑分平台"的注册会员;"跑分平台"使用大量收购或租用、借用的银行账户、支付账户层层分散转移赌资,躲避资金交易监管。该案中警方共抓获犯罪

[①] 本文作者:梁慧,就职在长安银行,于2021-10-26发表在中国银行保险报网。

嫌疑人90名，冻结银行账户、支付账户2400个，冻结金额5.94亿元，关停"跑分平台"1个、铲除渠道商17个。

案件剖析："出借银行账户"或成为跨境赌博的帮凶

本案例中，"跑分平台"利用"网络兼职"的外衣，利用平台注册会员提供的银行账户和支付账户，将大额资金分散化，蚂蚁搬家式地将跨境赌博资金分批分量转移。个人参与"跑分"项目，本质就是出租、出借账户，不仅个人信用将受到严重影响，而且存在资金损失、个人信息泄露甚至涉嫌帮助犯罪等风险。根据《刑法》第二百八十七条的规定，明知他人利用信息网络实施犯罪，为其犯罪提供支付结算帮助的，情节严重的，处3年以下有期徒刑或者拘役，并处或单处罚金。《治安管理处罚法》第七十条规定："以营利为目的，为赌博提供条件的，或者参与赌博赌资较大的，处5日以下拘留或者500元以下处罚；情节严重的，处10日以上15日以下拘留，并处500元以上3000元以下罚款。"根据《最高人民法院　最高人民检察院　公安部办理跨境赌博犯罪案件若干问题的意见》："明知他人实施开设赌场犯罪，为其提供场地、技术支持、资金、资金结算等服务的，以开设赌场罪的共犯论处。"同时根据《中国人民银行关于进一步加强支付结算管理防范电信网络新型违法犯罪有关事项的通知》的规定："对公安认定的出租、出借、出售、购买银行账户或者支付账户的单位和个人机构相关组织者，假冒他人身份或者虚构代理关系开立银行账户或支付账户的单位和个人，银行和支付机构5年内暂停其银行账户非柜面业务、支付账户所有业务，并不得为其新开立账户。"这意味着出租出借银行卡等行为有可能同时受到法律、行政法规和人民银行的多重处罚。其中参与出租出借的个人账户将受到5年内暂停账户非柜面业务、支付账户所有业务，不得开立新账户的惩戒措施。这一系列措施将有力打击跨境赌博的违法犯罪行为，也斩断了跨境赌博资金流转链条，铲除了跨境赌博等违法犯罪活动的生存土壤，维护了国民经济金融良好秩序。

跨境赌博的危害

近年来，境外赌场和网络赌博集团对我国公民招赌吸赌问题日益突出，跨境赌博违法犯罪活动日益猖獗，严重妨碍社会管理秩序，与此同时，互联网领域黑灰产业助推传统赌博和跨境赌博犯罪向互联网迁移，跨境网络赌博违法犯罪活动呈高发态势，严重威胁人民群众人身财产安全和社会公共安全，具有严重的社会危害性。

一是危害个人和他人财产及生命安全和合法权益，损害了社会诚信和社会秩序，导致受害人深陷泥潭，具有极强的社会危害性。

二是容易诱发其他严重刑事犯罪，同时，跨境赌博滋生一系列黑灰产业，严重影响了社会治安。

三是支付方式严重影响我国工商行政管理秩序、外汇管理秩序和网络安全管理秩序。

四是大量收购个人及对公银行账户用于完成赌资"走账"及"洗钱"，严重危害群众账户安全，影响国家金融稳定，损害了我国的国际形象。

风险防范建议："六个注意"

在我国，参与跨境网络赌博，开设赌博网站是违法犯罪行为，需要承担相应的法律风险，请消费者加强防范，自觉抵制赌博行为。在跨境赌博、网络赌博等违法犯罪活动中，不法分子往往利用购买来的银行卡及账户转移赌资。为避免承担相应的法律责任，请广大消费者一定做到以下六个方面，守护好自身账户财产安全。

一是不出租、不出借、不出售金融账户，包括银行卡、支付二维码等。

二是通过正规渠道办理账户业务，在 ATM 等自助设备操作时，注意安全防范。

三是不登录来历不明的网址、不点击手机短信和邮件中未知链接，不随意下载可疑 App。

四是设置较为复杂的账户密码，不使用简单数字排列密码或以生日、证件号码、电话号码等作为密码。

五是从银行官方网站下载安装网上银行、手机银行等应用软件和安全控件时，要关闭计算机远程登录功能。

六是对于网络中陌生的"好友"应提高警惕，切勿轻信对方说辞。妥善保护好自己的银行账户信息和个人信息，不要向他人泄露或在不明网站中填写。

纠纷争议莫要急　金融知识来护航

1. 疫情隔离致逾期还贷，影响征信吗？[①]

古人云："人无信不立。"近年来，随着信用社会建设不断深入，个人征信显得越来越重要，并影响着个人生活的方方面面。随着新冠肺炎疫情暴发，不少人因为疫情期间被采取隔离措施导致逾期还贷情况出现，进而被银行将逾期还款情况记入征信。为保护金融消费者合法权益，抹平因疫情隔离等因素对无法按时还贷的金融消费者的伤害，本文将结合相关案例，对疫情等特殊因素影响个人征信问题进行讨论。

疫情来袭，我的征信怎么办？

2021年"3·15消费者权益日"前后，中国人民银行西安分行发布2020年金融消费权益保护典型案例。其中一例如下：

Z先生投诉称，其在A银行办理的贷款于每月2日还款，2020年2月2日上午其在手机银行进行操作时，因连续输错三次密码导致银行卡被锁定，当日下午Z先生三次致电A银行均未接通。2月3日，Z先生打通客服

[①] 本文作者：唐正明，就职在中国建设银行股份有限公司西安南大街支行，于2021-04-27发表在中国银行保险报网。

电话咨询，客服回复必须去银行柜台办理解锁。Z先生因接触湖北返回人员，自1月22日开始在家隔离，2月4日起其所在小区封闭式管理，Z先生未能外出办理银行卡解锁，导致其征信出现违约记录。Z先生认为其因疫情这一不可抗力因素才未按时还款，银行不应认定其违约，要求银行做出妥善处理。

本案是因疫情被采取隔离措施导致无法还贷进而影响个人征信的典型案例。解决本案的关键是判断因疫情被采取隔离措施是否构成"不可抗力"。

明法析理，何谓不可抗力？

《民法典》第一百八十条规定："因不可抗力不能履行民事义务的，不承担民事责任。法律另有规定的，依照其规定。不可抗力是指不能预见、不能避免且不能克服的客观情况。"第五百九十条规定："当事人一方因不可抗力不能履行合同的，根据不可抗力的影响，部分或者全部免除责任，但法律另有规定的除外。因不可抗力不能履行合同的，应当及时通知对方，以减轻可能给对方造成的损失，并应当在合理期限内提供证明。当事人迟延履行后发生不可抗力的，不免除其违约责任。"

结合上述定义，在实务中，某一客观情况（事件）是否属于不可抗力，一般从以下三方面综合加以认定：第一，不可预见性，这里的不可预见是指有关当事人在订立合同时，对这一客观情况是否会发生是不可能预见到的；第二，不能避免性，这里的不能避免是指合同生效后，当事人对可能出现的客观情况尽管采取了及时合理的措施，但客观上并不能阻止这一情况的发生；第三，不能克服性，是指出现的客观情况主客观上均不能克服。

以案说法，本案应该如何认定？

根据以上内容分析，本次新冠肺炎疫情导致的隔离措施等符合不能预见、不能避免且不能克服的特征，属于不可抗力事件。需要特别说明的是，构成不可抗力的是新冠肺炎疫情的暴发和蔓延态势以及由此引发的一系列管控隔离措施，疾病本身并不属于不可抗力。另外，对于此次疫情致使合同不能履行的情况，全国人大常委会法工委发言人在回答记者提问时亦作出解答，认为对于因疫情防控措施不能履行合同的当事人来说，属于不能预见、不能避免并不能克服的不可抗力事件。

具体到本文中的案例，Z先生因为被采取疫情防控隔离措施无法去网点柜台办理密码解锁业务导致还款逾期，属于因不可抗力导致不能履行还款义务。根据中国人民银行等部门联合印发的《关于进一步强化金融支持防控新型冠状病毒感染肺炎疫情的通知》第十四条的规定："切实保障公众征信相关权益。人民银行分支机构和金融信用信息基础数据库接入机构要妥善安排征信查询服务，引导公众通过互联网、自助查询机进行征信查询。要合理调整逾期信用记录报送，对因感染新冠肺炎住院治疗或隔离人员、疫情防控需要隔离观察人员和参加疫情防控工作人员，因疫情影响未能及时还款的，经接入机构认定，相关逾期贷款可以不做逾期记录报送，已经报送的予以调整。对受疫情影响暂时失去收入来源的个人和企业，可依调整后的还款安排，报送信用记录。"A银行不应该报送其逾期记录，如果报送，Z先生有权要求A银行对报送记录进行调整。

举一反三，类似情况应怎么处理？

从银行等金融机构角度而言，银行等金融机构在面对因不可抗力导致无法还贷的借款人时，应主动担当作为，严格依照法律法规及金融监管机构的要求对逾期还款行为进行审查认定。对于符合相关条件的人员，不将其逾期还款的行为认定为违约，不作为不良记录予以报送。若报送了相关逾期还款行为，在当事人提出异议并提交相应证明后，要积极协助相关当事人调整相关报送。

  从借款人角度而言。因不可抗力事件影响出现逾期还款情况时，借款人可以提供相关证明，向银行提出逾期还款不记入信用报告的请求，以免因不良信用记录影响征信。同时，若因故未能及时提出上述请求被银行报送不良信用记录计入征信的，可以提供相关证明，向银行申请调整不良征信记录。

  具体到新冠肺炎疫情导致的贷款逾期情形，在处理时要特别注意，新冠肺炎疫情并非直接且必然导致金融借款合同的不能履行。因为新冠肺炎疫情发展和蔓延，各级政府虽相继发布延长春节假期及延迟复工、调整交通及小区封闭管理等管控、隔离措施，但并非必然导致债务人无法履行还款义务。从还款方式上看，时下网络通信发达，借款人亦可通过手机银行、网上银行等方式进行还款，并非遇到管控、隔离情况后就必然无法进行还款。总而言之，一定要结合具体情况作出认定，分析当事人是否符合不可抗力的构成要件。

2. 转账汇款需谨慎，交易安全系你我①

随着科技的进步与发展，无论身在何处，只要有网络，我们就都能采用各种各样便捷的方式转账支付给收款方，效率大大提高。然而，肉眼可见的便捷与潜在的风险总是相生相伴，网络上扎眼的"不翼而飞""盗取""诈骗"等字样时不时就会与账户交易挂钩。那么，厘清账户结算过程可能遇到的问题就显得尤为重要。

手机银行显便捷，金钱感情双考验

2020年2月底的一个星期三，J银行某网点一A姓外地客户在大厅吵嚷说自己转账的1万元不见了，引起了工作人员的注意。大堂经理会同营运主管为客户打印交易明细后将客户带入大户室，仔细向客户了解具体情况。客户说自己星期五17时左右向女友转账的两笔款项中有一笔1万元的资金未到账亦未退回，而另一笔收款信息相同的1万元资金已到账，故到网点来讨说法。营运主管拿着客户的交易明细，确实只见两笔转出账务未见有资金退回记录，然而剔除非工作日后，转账时间已超过48小时，基本上可以判断出不会是因账号、户名不符而导致的无法入账。

---

① 本文作者：张熊瑞，就职在中国建设银行股份有限公司泾阳县支行，于2021-04-27发表在中国银行保险报网。

悉心询问缓情绪，层层分析除可疑

通过了解客户 A 情况后，营运主管发现原来是 A 客户在 J 行的手机银行上向女友转出借款 1 万元后，女友称未到账，因为女友着急用钱，A 客户又重新提交了一笔相同金额转账后女友才收到了 1 万元，也就是说，两笔 1 万元的转账，收款人仅收到了 1 笔。但营运主管意识到客户所称收款人未到账是仅凭收款人一面之词，未有确切证据。

考虑到疫情严重、收款银行又是重庆某村镇银行，于是营运主管提出让收款人利用其手机银行查询流水并截屏，但 A 客户斩钉截铁地说，女友开通了短信，仅有一条 1 万元的收款记录，不用查，女友没有手机银行、疫情不便出门、他相信女友等，并拿出了女友发来的短信界面截屏和微信中银行卡余额截屏。看着客户提供的截屏信息上的确仅显示了 1 万元的收入，而 A 客户又那么激动，营运主管只能先换了个问题问："您以前给女友转账有出现过这种情况吗？"客户回答说："她着急用钱，我就借给她 1 万元，谁知道你们手机银行出现这么个情况。"营运主管马上提高职业警觉，安抚客户道："这样吧，我看您银行卡上暂时也没有钱了，我们在把这笔账查清之前您先不要再转账给女友了，免得重复转账，到时候账务反倒说不清了，我保证今天下班前给您查清楚，您把您的信息给我留一下，我联系您。" A 客户情绪稍缓后，营运主管顺势了解了客户与女友的认识时间、资金往来等基本情况后，初步确定这不是一起社会关注的网恋诈骗案件。

一查到底不放弃，稳中求进显实情

考虑到短信可以删除、截屏可以造假等因素，并不能判断转账资金未到收款人账户中，因疫情原因又无法要求收款人向 A 客户提供交易流水，本着客户至上的原则，营运主管认为不能简单粗暴地建议客户报案处理，随即决定联系 A 客户开户行提供客户的转账报文标识号后向收款人的开户银行发出事务查询,内容涵盖详尽的收、付款信息以确定该笔转账是否到账,并备注加急,同时在网上查询到该村镇银行(A 客户女友账户的开户行)电话请求对方及时回复查询查复信息。在当日下班时,该村镇银行向 J 行网点发回事务查复确认 2 笔转账均已到账。

该事件除有收款人刻意掩饰、误删除短信的可能外,还有通信延迟等原因导致的未收到到账短信,但账务问题均应以收、付款方账户的银行流水为准。

电子渠道显温情,转账汇款需谨慎

以上案例可能是一场乌龙事件,也可能是亲密关系中别有用心的隐瞒,基于资金交易的风险可能,特向金融消费者做以下提示:

(1)切勿轻易给陌生收款人转账,切勿点击不明链接,切勿相信以兼职、投资为借口或假冒熟人、客服、公检法等诱导转账的骗局,请仔细核实收款方信息,谨防受骗,如有疑问可咨询开户银行网点或开户行的全国统一客服热线。

(2)一般而言,银行工作日内,消费者的账户状态正常、所提交的收款人信息无误,转账业务是实时到账。如客户开通短信银行业务且业务正常、手机通信畅通,那么相对到账时间而言,短信可能稍显延迟,但绝不会缺席。

(3)请不要轻易相信未到账言论,也不要轻易再次提交相同信息的转账业务,以免重复交易而产生账务纠纷。

(4)在消费者与收款方之间有借款约定的前提下,消费者的转账资金用途可录入"借款",以备产生债务纠纷时有据可查。

3. 代客操作难佐证，经济损失谁承担？[①]

随着银行业数字化转型步伐的不断加快，营业网点原有的一排排一通到顶的现金柜台逐渐被智能机器所替代。消费者来到银行办理业务，大多数人需要银行工作人员进行指导，尤其是老年消费者，更是依赖银行工作人员的大力协助，"代客操作"成为一种普遍现象。同时，部分银行员工为图"省事"，不按规定引导客户至理财销售专区进行"录音录像"，直接在"自助电子设备"上进行操作，由此引发了多起金融纠纷。

案情简介：基金损失巨大，客户要求银行赔偿

2017年12月29日，吴女士到××银行网点开通本人账户的理财功能，进行了投资风险承受能力评估，评估显示吴女士的风险承受能力级别为A3，适合的产品类型为平衡型（R3）及以下产品。2018年1月19日至25日，吴女士分期买入了风险等级分别为R4、R5的四只股票型基金（以下简称涉案基金产品），合计投资金额400000元。2018年8月17日，吴女士将上述

---

① 本文作者：王星、王立婷，就职在浦发银行西安分行消保和服务管理办公室，于2021-06-01发表在中国银行保险报网。

基金全部赎回，收回资金 219566.57 元，投资损失共计 180433.43 元。吴女士多次投诉到 × 银行总行和监管机构，要求赔偿其损失，双方各执一词，但始终未解决。2019 年 3 月，吴女士一纸诉状将 ×× 银行告上法院，要求 ×× 银行赔礼道歉，并赔偿经济损失 180433.43 元、精神损失费 10000 元。

法庭辩论：基金亏损谁之过？

吴女士在法庭上强调，购买涉案基金产品的整个过程均是由该银行员工黄某代为操作，吴女士未看到任何有关超出风险承受能力的提示，黄某诱导自己在不知情的情况下输入密码，购买了与自己风险承受能力不相符的高风险理财产品，违反了商业银行在销售理财产品时应当遵循的风险匹配和禁止误导客户的原则，造成了吴女士巨大的财产损失。

×× 银行辩称，银行仅为涉案基金产品的代销机构，并严格履行了代销机构的职责。×× 银行提交了交易流程截图，证明银行对于超出风险承受能力但仍需购买相关产品的客户给出了明确提示，客户必须点击自愿购买超过个人投资风险承受能力基金产品的声明后，才能购买相关的高风险产品。

但吴女士对此证据不予认可，该截图没有显示时间、户名及账号，无法确认与其购买产品有关联性。

吴女士还提供了与 ×× 银行员工黄某的微信聊天记录截图，证明自己在申购理财产品时并不知晓产品内容，直到 2018 年 8 月 15 日才知道购买了涉案的四只基金，黄某明确知悉吴女士原本要求购买的是稳健型理财产品。

×× 银行对微信聊天记录的真实性无异议，但不认可吴女士证明的内容，理由是该聊天记录形成于纠纷发生之后，明显带有引导的成分，且吴女士故意截取对其有利的信息，故该聊天记录不应具有证明效力。

吴女士主张 ×× 银行提供购买涉案基金产品时的录音录像，×× 银行拒不提交的，应承担举证不能的不利后果。

××银行认可其理财柜台属于视频监控范围，但由于已超过2个月的保存期限，故现已无法提供。

诉讼结果：证据不足，双方各打五十大板

一审法院认为，吴女士是在××银行的理财柜台申购涉案基金，××银行亦认可该理财柜台在银行视频监控范围内，故××银行作为掌握视频资料的一方当事人应当提供该证据以便法庭查明案件事实。吴女士在损失发生后与××银行产生纠纷，并于2018年8月17日到该银行与其负责人进行交涉，××银行于此时即已知晓与吴女士之间存在争议，应当妥善保存包括现场录音录像等在内的证据材料直至纠纷解决。

××银行提交的网上交易流程虽然显示客户在购买超出其风险承受能力的产品时银行会进行相应的风险提示，由客户点击确认后才能进行后续交易，但由于××银行未能提供交易时的现场监控录像，法院不能排除由该银行工作人员黄某代吴女士进行电脑操作的可能性，也无证据证明黄某在操作过程中对吴女士进行了必要的风险告知及展示电脑的风险提示页面。《商业银行个人理财业务管理暂行办法》第三十七条规定："商业银行应妥善保存有关客户评估和顾问服务的记录，并妥善保存客户资料和其他文件资料。"××银行应当留存交易时的监控视频却未留存，应承担举证不能的不利后果。

吴女士作为一名成年人，对于自身的财务状况、投资能力及风险承受能力亦应有正确认识，其在未经充分考虑的情况下草率投资，亦是导致损失的重要原因；吴女士应当知晓输入账户密码所产生的行为效力，其自称在"甚至不知买入了何种理财产品的情况下输入了理财账户密码"显然具有过失。

综上所述，一审法院认为吴女士基于××银行工作人员的不当推介

及代客操作购买了涉案的理财产品并发生亏损,其资金损失与×银行的过错行为之间存在因果关系;吴女士自身对于损害结果的发生亦具有较大过错,故酌情判决×银行应当对吴女士的投资损失承担50%的赔偿责任,合计90216.72元。吴女士诉请×银行赔礼道歉及支付精神损害赔偿金的主张缺乏事实和法律依据,法院不予支持。

一审判决后双方均提出上诉,但因双方都未能提供新的证据,故二审维持原判。

制度规定:严禁银行员工代客操作购买理财产品

2017年8月23日,中国银监会办公厅关于印发《银行业金融机构销售专区录音录像管理暂行规定》的通知(银监办发〔2017〕110号)第四条规定:"银行业金融机构在营业场所销售自有理财产品及代销产品,应在销售专区内进行,不得在销售专区外进行产品销售活动。"消费者通过自助终端等电子设备进行自主购买的除外。第十条规定:"银行业金融机构应对自有理财产品及代销产品的销售过程进行同步录音录像,完整客观地记录营销推介、相关风险和关键信息提示、消费者确认和反馈等重点销售环节,消费者确认内容应至少包括其充分了解销售人员所提示的产品风险等。银行业金融机构进行上述录音录像行为应征得消费者同意,如其不同意则不能销售产品。"第十一条规定:"银行业金融机构应在自助终端等电子设备中对产品风险信息进行充分披露,同时还应提示消费者如有销售人员介入,则应停止自助终端购买操作,转至销售专区内购买。严禁销售人员在自助终端等电子设备上代客户操作购买产品。"

思考:如何避免理财纠纷?

作为银行,应强化员工合规教育,规范员工行为,不断提升员工专业能力，要求并监督员工严格按制度操作。

理财销售人员应根据客户风险承受能力、年龄结构等因素综合考虑产品推介，将合适的产品销售给合适的人，在理财销售专区开展产品营销，充分揭示产品风险，严格执行"录音录像"，杜绝"代客操作"。

作为消费者，对自身的投资能力和风险承受能力应有正确认识，不能盲目追求市场热点，只关注产品过往业绩，忽视风险，草率投资。对于准备购买的理财产品，应充分了解产品的性能、投资标的、期限、费用、风险等内容，要深刻理解"理财有风险，投资需谨慎"的道理，对自身的投资行为，应有"风险自担"的意识和能力。

银行、监管、媒体等多渠道广泛开展投资者教育活动，改变消费者对银行购买金融产品"只能赚不能赔"的惯性思维，充分了解"高收益"必然与"高风险"相伴，市场上基本不存在高收益无风险的"好品种"。

4. 居间合同惹争议，厘清责任得真知[①]

近年来，随着我国存款利率不断下行，基金、贵金属等投资理财产品受到了不少金融消费者的追捧，逐渐成为投资热点。作为金融产品与消费者最广泛的连接终端，商业银行因为具有在网点覆盖、客户资源、信息传递等方面的诸多优势，受到了资产管理行业的广泛青睐，纷纷与之开展合作，目前代销业务已成为商业银行最主要的一类中间业务。与蓬勃热烈的销售场景相伴的是，金融消费者与商业银行因购买代销产品而产生的纠纷日渐增多，消费者自身、银行代销机构双方责任和义务的划分等问题也逐步走入公众的视野。

案情：基金转换失败，客户追究银行责任

2014年6月开始，客户赵某在某国有大型商业银行开设账户进行基金投资理财。2015年6月赵某到银行网点办理了8笔基金转换业务，1笔业务因银行系统不支持未能办理，7笔业务办理完成。2015年7月赵某到网点柜面查询时，得知有2笔转换成功，5笔转换失败。8月赵某将基金赎回，因5笔基金未能转换成功引发投资损失，赵某随即通过电话、书信多次向证监

---

① 本文作者：党寒江，就职在中国农业银行陕西省分行个人金融部，于2020-07-14发表在中国银行保险报网。

会投诉。2018年7月上海证监局电话告知赵某"基金公司发布了节前暂停转换公告，故相关基金公司不承担责任"。赵某转而认为作为代销机构的银行违反了《中华人民共和国证券投资基金法》第一百零七条"基金服务机构应当勤勉尽责、恪尽职守"的规定，起诉银行未尽到相关告知义务。

诉讼：基金投资者遭遇三连败

赵某于2018年11月向辖内区人民法院起诉，要求银行赔偿其基金转换未果而造成的损失近6万元，并要求银行承担诉讼费。法院于2018年11月28日开庭审理，于2018年12月5日下达一审判决，驳回原告的全部诉讼请求。

赵某不服一审判决，2019年1月18日继续向市中级人民法院提出上诉，要求撤销一审判决，改判支持上诉人在一审的诉讼请求，并要求银行承担一审、二审诉讼费。中院于2019年2月18日公开开庭进行了审理，于2019年4月1日下达二审判决，驳回上诉，维持原判。

赵某依然不服二审判决，于2019年9月27日向省高级人民法院申请再审，要求撤销二审判决重新审理，并要求银行承担全部诉讼费用。省高院于2019年11月25日下达民事裁定书，驳回了赵某的再审申请。

争议：银行是否履行了告知责任

本案争议的焦点问题：一是赵某与银行之间存在什么样的法律关系，二是银行是否应对赵某基金投资损失承担赔偿责任，下面逐一分析。

银行作为相关基金公司的被委托人向第三人赵某提供订立合同的媒介服务，属于居间合同关系，银行作为居间人，在相关基金公司与赵某订立合同中既非当事人，也非任何一方的代理人。居间人主要义务是为委托人与第三人订立合同提供介绍，主要权利是在居间成功时取得约定报酬。银行向投资人出具的投资理财业务凭证,是基金公司与赵某订立合同的媒介服务凭证,并非与赵某之间签订的基金转换合同。

关于银行是否应对赵某基金投资损失承担赔偿责任的问题。赵某在银行网点办理基金转换业务,银行为其出具了《投资理财业务凭证》,《投资理财业务凭证》背面的《基金业务客户须知》明确载明"我行受理的交易委托,其处理结果以注册登记机构确认结果为准,本行不承担确保交易成功的责任。……申购、赎回、转换等交易在申请日(T日)的下一个工作日(T+1日)确认,客户须于确认日的下一个工作日(T+2日)及时致电基金公司、证券公司客服中心或到银行网点查询交易确认情况",该须知证明《投资理财业务凭证》仅是受理凭证,不是转换成功的凭证,基金转换是否成功应以基金公司确认结果为准,银行对交易成功与否不承担责任。作为投资人的赵某当庭自认其熟悉基金交易程序,对《基金业务客户须知》内容了解,本应及时进行查询确认,却以没有必要为由不予查询确认,由此造成的后果应由其自行负担,银行在办理业务过程中没有过错,不应承担赔偿责任。相关基金公司已提前对暂停申购(含定投及转换)业务进行了公告,作为代销机构的银行网点没有另行告知的义务。赵某认为银行未向其告知基金公司暂停基金转换业务应承担赔偿责任的上诉理由不能成立,不予支持。依照《中华人民共和国民事诉讼法》第二百零四条第一款、《最高人民法院关于适用〈中华人民共和国民事诉讼法〉的解释》第三百九十五条第二款规定,驳回了原告的诉讼请求。

思考:购买银行代销产品投资者自身需做足功课

金融消费者购买基金、贵金属、保险等投资理财产品时,银行渠道一直都是首选。相关网络调查显示,在银行购买金融产品的时候,有57%的受访者表示"不会向工作人员了解清楚该产品是否第三方金融机构的产品",

43%的人表示会这么做。银行在代销产品时,应履行一定的风险告知、产品介绍、交易办理等义务,但作为投资者也应该清楚自己应该掌握的一些交易常识,履行自己应尽的义务。为了保护金融消费者的权益,建议投资者在购买金融产品时,做到以下四点。

一是了解产品特点,做好风险评估。消费者在购买金融产品时要详细了解合同等销售文件的内容,应全面了解产品特点,并充分阅读《产品说明书》《风险提示书》等销售文件中的具体条款及事项,清楚合同双方的权利义务,做好风险评估后再签署合同。另外,银行的业务范围非常广,包括第三方金融机构的理财产品、信托或者基金,消费者在购买产品时要向工作人员了解清楚该产品的发行公司。

二是明确合同中金融产品"四性"。消费者在咨询金融产品的具体情况时,有四个方面的内容必须特别重视,包括产品的期限性、收益性、流动性和风险性。这四个方面,消费者在口头咨询得知的同时,也应该逐一核对合同的具体条款,并充分结合自身的资金需求及使用情况,综合考虑是否购买。另外,还应该看清关键凭证,如果办理的是投资理财业务,应注意合同上方是否列明"××理财产品购买申请书"等类似字样;如果办理的是保险业务,应注意文件上方是否列明"××保险公司保险合同"等类似字样。

三是要在"双录"的前提下进行交易。消费者在银行网点通过非自助渠道购买基金、理财或者保险等产品的时候,一定要注意,是否在专业、规定的房间内按照录音、录像等程序进行规范交易,录音录像的内容还包括业务或产品介绍、相关风险和关键信息提示、客户确认和反馈等重点环节。消费者在购买理财产品,特别是在签署相关合同文件的时候,应该熟知上述的流程,避免造成不必要的麻烦及误解。

四是核查交易记录,确认是否存在误导。消费者在网点办理了理财、

4. 居间合同惹争议，厘清责任得真知

基金、保险等业务后，可通过柜台、ATM、网上银行、客服电话等途径查询交易是否成功，核实是否购买了正确的产品，避免被代销机构误导销售。例如，消费者在网点办理保险业务后，可通过拨打保险公司客服电话的方式，查询所购买保险产品的具体信息，确认保险产品是否符合自身实际需求。

5. 风险等级不匹配，理财损失谁承担？[①]

《商业银行个人理财业务管理暂行办法》规定，商业银行理财产品为商业银行在对潜在目标消费者群分析研究的基础上，针对特定目标消费者群开发设计并销售的资金投资和管理计划，投资收益由银行和消费者根据合同约定分配。根据风险从高至低，理财产品风险评级分为高风险、中高风险、中等风险、中低风险和低风险五个等级。银行需根据客户提供的实际信息进行问卷调查，为客户推荐符合的理财产品，客户需要配合银行人员做好自身的风险能力评估，合理定位自身的风险承受能力。现实生活中，一旦出现风险等级与客户承受能力不匹配的情形，出现理财损失谁来承担呢？

案情：以银行违反风险匹配原则为由，客户要求银行赔偿理财损失

消费者B某为A银行的VIP客户，在2015年4月至2016年6月A银行理财经理推荐其购买了数款理财产品，其中包括两只人民币理财产品共

[①] 本文作者：蒋舒琳，就职在平安银行西安分行，于2020-08-18发表在中国银行保险报网。

计人民币 66 万元，两只公募基金共计人民币 421 万元和一只私募基金共计人民币 101 万元，合计人民币 588 万元。产品到期后，部分产品出现亏损，其中人民币理财产品已到期浮亏 10%，2015 年 6 月 16 日赎回公募基金到账 286802.89 元，亏损 13197.11 元（申购、赎回手续费 5232.69 元），私募基金于 2016 年 7 月 18 日因触及平仓线被强制平仓首次分配 710626.15 元，12 月 23 日再次分配 15696.73 元，2017 年 9 月 22 日再次分配 7103.22 元。B 某称 A 银行在整个销售过程中违反风险匹配原则，向其销售风险承受能力不相符的理财产品，夸大收益，更无风险提示。同时，A 银行向 B 某违法销售私人银行客户的专供产品，造成本金亏损。B 某多次向 A 银行交涉，要求 A 银行赔偿其本金和全部损失，包括资金利息损失及差旅费。在与 A 银行交涉期间，B 某向第三方非诉讼机构申请维权调解。

第三方非诉讼机构调解结果：客户承担主要责任

第三方非诉讼调解机构受理 B 某调解申请后，对本案进行了调查，组织 2 次调解。近期，纠纷评议员查看所有证据材料，综合两次调解确认的事实，对该案做出评议意见，后经双方当事人申请，还召开评议听证会。调解结果是：×××18 号 ×× 期理财产品所产生的损失自行承担，×××类（90% 保本挂钩股票）资产管理类 2015 年 ×× 期人民币理财产品所产生的损失由客户自行承担 80%，银行承担 20%。最终，双方均同意该方案，调解达成一致意见。

争议焦点：客户何时有承担风险的义务

（1）本案件中关于理财产品、公募基金和私募基金几款产品争议焦点都在于 A 银行是否为 B 某进行了风险测评，B 某的风险测评等级是否与该产品的风险等级匹配，以及 A 银行是否向 B 某介绍过投资方向及风险。

（2）关于 B 某购买的"（90%保本挂钩 ETF）资产管理类 2015 年 ×× 期人民币理财产品"。经核查，该款产品的风险评级为四级风险，认购客户的风险评级须为进取型及成长型。同时经询问 B 某，表示其 2015 年 3—6 月在其他金融机构也进行过多次理财。认为 B 某具有较多的投资经验，尽管其提出了不予认可签名却无法提供证据证明该签名非其本人所签，故认可 B 某的风险评级与该理财产品的风险评级相匹配的证据资料。《个人理财产品销售流程尽职审查表》中客户确认栏显示"本人收到并详细阅读《产品说明书》《风险揭示书》《客户权益须知》《理财产品销售协议书》等有关文件，理财销售人员已根据文件内容，向本人清楚解释有关权益、产品特点、投资风险和最差的投资结果"的字句，客户签字确认处显示为 B 某。《确认函》中明确表示"本人已认真阅读并充分理解《A 财富私人银行专享结构类（90%保本挂钩股票）2015 年 ×× 期人民币理财产品说明书》与上述《风险揭示书》的条款和内容，充分了解并清楚知晓本理财产品蕴含的风险……具有识别及承担相关风险的能力。充分了解本理财产品的风险并愿意承担相关风险。本人声明 A 银行可仅凭本《确认函》即确认本人已理解并有能力承担相关理财交易的风险"。

该确认函除有 B 某的签名外，还抄录了"本人已经阅读上述风险提示，愿意承担相关风险"的语句。以上证据表明 B 某已经了解该产品的相关情况及风险，其本人愿意承担相关风险。

（3）关于"×××18 号 ×× 期（银行代销私募基金）"。经核查，该产品为银行代销产品，且 A 银行履行了相关代销审批流程，销售人员具备要求的资质。该产品的《风险承受能力调查表》中有 B 某的签字。尽管《风险揭示书》的最后一页签署页中有 B 某的签字，但该签署页上除 B 某的签字外，并未有相关信息显示该签署页为何文件的签署页，且 B 某并不认可其见过该《风险揭示书》的内容。

5. 风险等级不匹配，理财损失谁承担？

风险提示：风险承受能力和风险偏好并不能画等号，要树立正确理性的投资态度

银行风险测评是对客户风险承受能力的评估，让银行更好地了解客户的风险承受能力，然后针对客户的风险承受能力介绍合适的理财产品。内容主要是调研问卷的形式了解客户一些理财投资的经验、对投资预期收益期望值以及投资亏损接受程度等。

金融消费者在购买理财产品时的权利和义务如下。

（1）消费者的主要权利

① 根据自身资金的闲置期限、资金量和风险承受能力，自愿选择购买合适的理财产品。

② 消费者享有理财产品的知情权。包括理财产品收费标准、风险等级、过往表现、预期收益测算、投资范围等的知情权。

③ 消费者对理财产品的不当销售和服务质量有投诉的权力。

④ 消费者拥有合法财产的隐私权，除非有法律的明文规定，否则银行不得向任何机构或个人泄露消费者的理财信息。

（2）消费者的主要义务

① 了解自己和产品。在购买理财产品前需了解理财产品的基本知识和风险等级，了解理财产品的类型是否能满足自己对资产流动性、理财目标、投资回报率等的需求。

② 配合银行人员做好自身的风险能力评估，合理定位自身的风险承受能力。如首次购买理财产品的风险能力评估及超期限后的风险能力重估等。

③ 消费者在购买理财产品时需签署确认相关协议，并对本人签署的风险确认书及本人同意购买的产品承担相应的风险责任，在风险揭示书抄写"本人已经阅读风险揭示，愿意承担投资风险"，等等。

（3）风险承受能力和风险偏好并不能画等号。很多消费者都觉得银行风险测评没有必要，认为自己的风险偏好自己知道，但是主观风险偏好是一回事，银行通过各项理财经验等调研的风险测评是为了明确客户的客观风险承受能力。风险偏好具有主观性，因为不同投资者对于风险的态度存在差异。而风险承受能力则具有客观性，需要综合衡量年龄、个人能力、家庭状况、工作收入等因素来确定个人的风险承受能力。只有将两者有效地结合，更加了解自身的风险偏好与风险承受能力，树立正确理性的投资态度，才能买到适合自己的理财产品。

6. 自助银行出事故，赔偿责任如何定？[①]

银行作为给消费者提供金融产品与服务的公共场所，对消费者在金融营业场所内的人身、财产负有安全保障义务，需保护消费者免受侵害。银行填单台砸伤幼童、年迈老人银行内摔倒等在银行办理业务或在银行网点发生的受伤事故时有发生。随着金融形势的发展，人们越来越依赖24小时无人值守的自助银行，它可以方便消费者全天候自助办理现金、转账等银行常见业务。

自助银行虽然带来了便利，但由于无人值守，以消费者自助为主，如果在这种网点一旦不幸发生安全事故，赔偿责任该如何确定，在实践生活中可能引发争议。本文通过一个真实的案例剖析了此种情况下各方应当承担的责任，并对银行如何预防事故、更好地服务金融消费者提出了相应的建议。

案情：自助银行出事故，小孩被砸伤

今年夏天，几个小孩儿在小区门口玩耍，其中一个小孩儿带领其他小孩儿进入了小区家门口一家自助银行玩耍。该自助银行内除了自助机具，

[①] 本文作者：杜娜、顾磊，就职在中国民生银行西安分行法律事务部，于2020-09-24发表在中国银行保险报网。

还放置了一块广告立牌，孩子们围绕广告立牌开始做游戏。在玩耍的过程中，其中一个小孩儿躲藏在广告立牌的后方，并试图转圈不被其他小孩儿发现，但是玩耍中不小心将广告牌推倒，不幸砸到另一个小孩儿，小孩儿脚部被砸伤，后送医院治疗。小孩儿受伤后，其家属将银行诉至法院，要求该银行承担责任，并对小孩儿致伤做出相应经济赔偿。

如何赔偿：观点交锋，各持一端

由于不同于普通的银行网点受伤情形，对于这种情形下的赔偿责任划分，出现了以下三种意见。

第一种意见认为：应该由银行赔偿。理由是：事故发生地点在银行自助存取款机放置场所，该场所在夜间无人看管、值班，且广告牌安装不牢固，没有尽到安全保障义务。

第二种意见认为：应该由肇事孩子家长赔偿。理由是：因肇事孩子的过失，造成广告牌砸伤其他小孩儿，直接导致该起事故发生，应承担赔偿责任。

第三种意见认为：应该由三家共同承担。理由是：虽然银行和肇事孩子均有责任，但是受伤小孩儿尚是未成年人，监护人应依法履行对未成年人的监护职责，保护被监护未成年人的人身健康和安全。事发时，受伤小孩儿在没有家长看护的情况下，私自进入自助银行玩耍，对孩子受伤也负有一定责任。

调解结案：换位思考，讲法讲情

当事银行事发后第一时间联系小孩儿父母，与受害人家属进行当面交流，详细了解受害人及家长的情况，当面道歉并认真听取其建议和诉求。经司法鉴定，孩子为轻伤。该行通过调取录像还原事件经过，坚持"以客户为中心",按照"换位思考、将心比心"的指导思想,以尊重和真诚对待受害人家属。在诉讼过程中,多次与受害人家属、第三方进行坦诚交流,既讲法,又讲情,最终通过法院调解,双方予以和解。该案审理法官在庭审中不无感慨地说:"一般原、被告在法庭上唇枪舌剑,剑拔弩张,充满火药味。从来没见过像本案的原、被告,在法庭上如此平和坦诚,互相尊重,互相谅解。"

通过该行的积极处理,不仅化解了一场诉讼纠纷,而且赢得了家长和法官对该行的信任和赞誉。案件顺利处理完毕后,受害人家长还多次给该行工作人员发短信表达信任和谢意,真诚希望今后成为朋友。事后,该行在全行范围内开展安全隐患自查,采取相应措施避免该类事件再次发生,保证消费者在银行网点的人身安全。

焦点:谁的过失?如何分责?

银行作为给消费者提供金融产品与服务的公共场所,对消费者负有安全保障义务,需保护消费者在金融营业场所内的人身、财产免受侵害。但在实际生活中,银行网点的安全隐患问题也偶有发生,具体情况可能也比较复杂,对银行、消费者来讲,厘清责任也显得越发重要。本案涉及公共场所管理、未成年人保护、第三方责任等,案情相对复杂。涉及的法律规定如下:

《消费者权益保护法》第七条规定,消费者在购买、使用商品和接受服务时享有人身、财产安全不受损害的权利。

《侵权责任法》第三十七条规定,宾馆、商场、银行、车站、娱乐场所等公共场所的管理人或者群众性活动的组织者,未尽到安全保障义务,造成他人损害的,应当承担侵权责任。因第三人的行为造成他人损害的,由第三人承担侵权责任;管理人或者组织者未尽到安全保障义务的,承担相应的补充责任。

《未成年人保护法》规定，监护人应依法履行对未成年人的监护职责，保护被监护未成年人的人身健康和安全。《侵权责任法》第三十二条规定，无民事行为能力人、限制民事行为能力人造成他人损害的，由监护人承担侵权责任。监护人尽到监护责任的，可以减轻其侵权责任。

法律之所以将公共场所的安全保障义务分配给了场所的管理者，是因为这些场所的管理者，比进入这些场所的人具有更强的控制风险能力，更了解这些场所的服务设施、设备性能、场地的实际情况，更能预见可能发生的危险或损害，更有可能采取必要的措施。对于进入公共场所的人，无论其是否进行了消费，经营者对其都有安全保障义务。

本案焦点在于，银行方、推倒广告牌小孩儿一方、被砸伤小孩儿一方均有一定的过失，三方责任应如何分担。在本案中，银行未尽到安全保障义务并造成他人损害，应当承担侵权责任，同时作为特定场所的管理人，银行承担了大部分约60%的主要责任；推倒广告牌的小孩儿一方，由于其行为直接造成了他人损害，也为其伤害行为承担了约10%的责任；被砸伤的小孩儿一方，其家长作为监护人，没有尽到监护义务，承担了剩下约30%的责任。

启示：共同防范保护，避免悲剧重现

前事不忘，后事之师。为防止事故再现，提出以下建议：

一方面，作为特定场所的管理人，金融机构应保证经营场所安装的设备或放置广告牌的安全性。对于安装不牢固的应及时予以加固，对于无法加固且存在安全隐患的应予以撤销，同时安排安全保卫人员定期进行巡检。对无人值守的自助银行，应在醒目位置设警示牌或温馨提示以作重点说明，如注意安全、请勿嬉闹、小心台阶、小心玻璃等。

6. 自助银行出事故，赔偿责任如何定？

另一方面，家长作为监护人，安全意识不足，未尽到监护职责，也是该案发生的原因之一。自助银行亦属于营业场所，且一般无工作人员值守，故不宜在内嬉戏打闹，未成年人进入应由监护人陪同并监护，避免发生危险。

7. 贷款需理性，征信要珍惜[①]

近年来，金融消费者保护自身权益意识不断提升。金融消费者在享受各项金融业务便捷服务时，应更加注重相关合同、义务的履行，避免因合同违约导致自身相关利益的损失。

案情简介：车贷逾期引纠纷，法院判决应履约

A某与某金融公司于2017年11月签订汽车贷款合同，贷款期数36期，自2018年7月起A某开始逾期。

逾期后，某金融公司开始人工致电借款人提醒还款，多次联系后无果，借款人均称无力还款。鉴于借款人逾期严重且沟通配合度及还款意愿较低，金融公司依据与借款人本人签署的汽车贷款合同，在确认借款人已将车辆上的私人物品妥善处理后，通过第三方机构控制车辆，借款人将车辆钥匙交给某金融公司。

后期，某金融公司多次致电借款人沟通后续赎回事宜，借款人表示其父亲生病，本人无偿还能力，未提供任何证据证明，沟通中并未表现出任何还款及赎回车辆意愿且表示不同意由金融公司协助其处置抵押车辆。

---

① 本文作者：刘悦，就职在比亚迪汽车金融有限公司，于2020-11-03发表在中国银行保险报网。

2019年起,A某多次通过监管部门进行投诉。某金融公司多次与A某协商沟通无果。因逾期时间长,且A某无还款意愿,且多次协商未达成一致,某金融公司以金融借款合同纠纷将借款人诉至法院。

一审法院判决如下:(1)被告A某偿还原告贷款本金、到期未偿利息、罚息等;(2)如被告A某未履行上述债务,原告有权以抵押物实现抵押权;(3)案件受理费减半后由被告负担。

此后,A某对法院判决申请再审,经法院审查不符合再审条件,予以驳回。

2020年,针对争议问题,某金融公司申请当地第三方金融纠纷调解机构介入与A某进行电话调解,A某坚持其诉求,不接受某金融公司调解方案,调解失败。

以案为鉴:理性消费,及时沟通,珍惜征信

通过本案,金融消费者在贷款前后应当注意以下几点。

一、全面及时评估自己的还款能力

消费者办理汽车贷款时,应综合评估自己的还款能力,考虑家庭的收入和开支等,避免发生因收入变动而影响还款能力的情况发生。

在考虑还款能力时,需要综合考虑家庭的日常收入和支出,支出包括日常的吃穿住用行等基本生活开销、子女教育支出、老人赡养的费用支出等。

考虑各项费用支出后,须进一步评估贷款月供多少合适。此外,考虑到贷款利率上浮、个人收入减少等因素,在贷款购车时,个人最好预留出一部分钱。

还款能力的评估,不仅需要在办理贷款前考虑,还款期间,消费者也应及时评估自身还款能力,如发生有影响还款能力的特殊事件,应及时与

贷款机构协商沟通。同时，应提前进行相关资金规划，避免逾期情况发生。

二、积极主动与金融机构沟通协商处理方式

发生可能产生影响每月还款的情况后，消费者应提前积极主动联系金融机构，说明自己的实际负债情况以及收入情况。当自身无力偿还债务时，首先要做的是与债权人协商解决方案，即便无法达成共识，也需要及时明确自身的偿还意愿及还款计划，避免引起自身更大的利益损失。

三、真正认识恶意逾期的后果

消费者在办理贷款时，应首先了解相关金融知识。明确贷款逾期可能产生的后果。如会产生罚息，增加额外支出；产生不良信用记录，可能会影响今后其他的贷款；严重违约的有可能会进入征信"黑名单"，影响个人出行及生活。

如确因还款问题发生诉讼，针对法院诉讼，消费者在接到起诉通知时需及时应诉，与相关机构积极协商解决方案，如实告知无法及时偿还的原因，明确表明承担偿还义务的意愿，等等。在法律允许的范围内，为自身争取最大的权益。

针对法院已经下达判决结果的案件，消费者应积极根据判决结果履行相关义务。如拒不执行法院的判决结果，金融机构可以依法向法院申请强制执行（扣划存款，拍卖抵质押物等）财产以清偿银行的贷款损失，消费者可能会蒙受更大的损失。

金融消费提示：强化金融消费者教育，营造良好金融消费环境

为更好地保护消费者权益，金融消费者、金融机构需要注意以下几个方面。

（1）办理贷款后，金融消费者需清楚了解贷款的还款日具体时间、金

额等重要信息，养成良好的还款习惯，及时还款，不过度依赖银行短信提醒功能，避免过于依赖而造成贷款逾期，造成个人不良征信记录。

（2）金融消费者在与金融机构签订贷款合同后，应自觉及时按照约定还款，并清楚了解合同条款约定的权利义务，充分认识未履约所产生的后果。对于因自身原因导致的违约责任，应积极承担其后果。

（3）金融消费者可要求金融机构就贷款合同条款履行充分告知的义务。在合同约定条款下，与金融机构发生争议的，消费者可按照相关法律法规主张自身的合法权益，与金融机构积极进行协商解决，必要时可采用法律武器维护自身权益。对于法律机构给予的最终结果，应积极履行相关义务，避免造成更大的损失。

（4）金融消费者可通过合法的维权手段主张自己合理合法权益，并且应积极履行相关法律判决结果。

主要维权途径有：一是双方和解。当金融消费者与金融机构产生金融消费争议时，可及时向金融机构有关部门提出，在第一时间获得金融机构重视以便解决问题。二是第三方调解。如果当事双方未能自行协商解决，则可以请求第三方机构组织调解，尽可能保证处理结果的客观和公正。三是申请仲裁。当事双方可以根据仲裁协议申请仲裁。四是提起诉讼。双方未达成仲裁协议的，金融消费者也可以向人民法院提起诉讼。

（5）为提高金融消费者金融知识素养，金融机构需持续性开展消费者金融知识普及工作。针对不同群体，不同地区的消费者开展针对性的金融知识普及，进一步提升消费者金融相关知识，更好地保护消费者权益。

8. 灵活变通，以人为本[①]

《中国人民银行办公厅关于贯彻落实〈中国人民银行、中国银行业监督管理委员会公安部、国家市场监督管理总局关于加强银行卡安全管理、预防和打击银行卡犯罪的通知〉的意见》（银办发〔2009〕149号）中规定："如采取单位批量开卡方式，单位应对员工身份的真实性承担责任，且须员工本人持身份证原件到网点办理激活并当场修改密码后方能正常使用。"该规定在指导银行业机构加强银行卡安全管理、预防和打击银行卡犯罪活动领域提供了有效制度保障。那么，在特定条件下，如户主本人因特殊原因不能亲自办理业务时，是否可以采取变通做法？本案为真实案例，在充分保障银行卡交易安全的前提下，某联社积极主动作为，以人为本，帮助消费者解决实际困难，切实保障了消费者合法权益。

案例简介：儿子无父亲身份证与授权书，可否取款？

2020年8月某日下午，张某致电某银行客服投诉称，其父在外务工，政府为其父发放的土地补贴款存放在该银行开立的惠民一卡通上，由其母保管。因该银行卡为乡政府批量集中开卡，卡片发至本人后，需本人携带

[①] 本文作者：郝海燕、张哲，就职在陕西省农村信用社联合社，于2020-11-17发表在中国银行保险报网。

证件在营业网点激活方能使用,但其父一直未回到家中,所以此卡一直为未激活状态,无法取款。当日下午,其母生病急需用钱,需要支取该银行卡上的资金,但其父不在本地,无法赶到,且身份证也在异地,张某想凭自己的身份证、户口簿代理取款,但该银行以没有带其父亲的身份证与授权书,不能办理为由拒绝了该业务。张某认为该银行不考虑客户急需用钱救命的实际情况,向某联社投诉,希望提供帮助,解决问题。

处理过程:以人为本,急人所急,圆满解决

某联社指定普惠消保部通过调查了解后,张某投诉情况属实。出于救急考虑,于是立即询问张某父亲征询其意见,其父希望能考虑特殊情况为其儿子办理取款。随后,消保部门指导网点首先联系客户道歉,并合理解释未办理取款的原因,虽然该银行依据相关业务规定不予支取存款是合理的,但张某急需取救命钱的要求又合情,建议在确保有效授权的基础上采取相关措施予以处理。

最终,张某提供本人身份证、其父户口簿及乡村委会证明。同时,其联系父亲并通过网络视频电话与该银行业务人员进行当面授权,其父同意其子张某支取其银行卡上的资金(该银行保留视频作为授权依据)。在这种情况下,该银行为张某办理银行卡激活业务,张某代理其父支取存款。通过上述方式,张某顺利支取到了其父银行卡的存款,张某对处理方式表示满意,并拨打电话撤诉。

案件解析:特殊情况特殊对待,符合操作规程

本案中张某父亲的银行卡属于乡政府批量开卡,如果正常凭密支取,需要张某父亲持本人身份证原件到网点激活并设置密码后,方能交给其儿子凭密代理支取,因此银行不予取款并未违反相关规定。

根据《个人存款账户实名制规定》第六条的规定："个人在金融机构开立个人存款账户时，应当出示本人身份证件，使用实名。代理他人在金融机构开立个人存款账户时，代理人应当出示代理人和被代理人的身份证件。"本案中，张某未能按银行要求提供存款人身份证件，银行拒绝取款行为无过错。

根据《关于执行储蓄管理条例的若干规定》第十三条的规定："各储蓄机构必须保证储蓄存款的支取，不得以任何理由拒绝储蓄存款的提取。"但第三十四条还规定："储户支取未到期的定期储蓄存款，必须持存单和本人居民身份证明办理。代理他人支取未到期定期存款的，代支取人还必须出具其居民身份证明。办理提前支取手续，出具其他身份证明无效。特殊情况的处理，可由储蓄机构业务主管部门自定。"

做好消保工作的几点启示

本案中，由于张某父亲在异地，且系家里急需救命钱，此种特殊情况，银行应本着为客户服务的宗旨，采取"视频电话授权＋乡镇证明父子关系的证明＋代理人身份证明"等能完全证明存款人真实意愿、代理取款人真实身份的方式，为金融消费者减少经济成本和时间，切实保障其合法权益，并促成问题的有效解决和消费者满意的效果。虽然以上案例中存款为活期存款，但考虑到特殊情况，银行在日常经营中，需要注重人性化管理，在风险可控的前提下，做好金融服务。

一是要换位思考。体会客户无法办理业务时的焦躁心情，首先应当做好安抚。具体在本案中，业务员拒绝为客户办理业务时话语较为生硬，回复过于直截了当是引起投诉的主要根源。此时应切实体会消费者心情，耐心作出详细解释，给出解决问题的合理化建议，灵活处置。切忌在自己对业务一知半解的情况下向客户做出解释或指导客户应该如何办理业务。如不能解决，应及时向网点负责人报告。

二是要依法合规。充分学习并理解制度规范，坚持以人为本，在合规经营的前提下，积极运用现代科技手段适度灵活处理相关业务问题，在有效防范金融风险前提下，尽力满足金融消费者合理需求，避免产生纠纷。

三是要转变认识。作为柜台服务人员，应该清醒地认识到服务的重要性，尤其在现今银行业竞争日益激烈的大环境下，服务更是从某种方面体现了银行的软实力与竞争力。用卓越的服务创卓越的品牌，树立金融机构良好的服务形象，不断提升消费者对金融机构普惠金融服务的可获得感和服务满意度。

9. 离婚未清房贷，征信受损谁担？[①]

众所周知，婚后购房属于夫妻共同财产，然而一旦夫妻感情破裂，走向离婚道路，对于房产尤其是贷款未结清的房产该如何分割？如果获得房产的一方未按期还贷，影响到未获得房屋产权的另一方利益应如何处理？

案情简介：离婚后房贷多次逾期引发夫妻纠纷

2010年7月，借款人甲及其配偶乙因购房需要，向A银行申请个人住房贷款50万元，约定甲为主贷人，乙为共同还款人，与甲承担连带还款责任，借款合同签订后，A银行发放贷款。之后，甲一直按时、足额还款。

2016年11月，甲乙二人感情破裂，经法院判决离婚，双方共有的房产归乙所有，剩余的贷款由乙承担。乙向A银行递交了离婚判决书一份，申请将还款账户由甲变更为乙。因其系该笔借款共同还款人，A银行同意并变更了还款账户，此后应由乙正常还款直至贷款结清。

2018年末，甲在申请其他贷款时发现，因乙近一年内多次逾期还款，导致自己的征信存在不良记录，无法申请购房贷款，甚至影响到其工作和消费。甲立即联系乙，要求乙向银行还清拖欠的贷款和罚息，但乙以"没钱"

[①] 本文作者：王星、王立婷，就职在浦发银行西安分行消保和服务管理办公室，于2020-12-15发表在中国银行保险报网。

为由拒绝。甲乙协商无果后，甲又至A银行申请，以甲、乙双方已离婚，房屋和贷款都归乙为由，要求恢复本人征信记录，同时要求A银行配合变更房屋产权人为乙，A银行未予同意，甲遂向法院提起诉讼。

诉讼：原告为何遭遇两连败？

2019年3月，甲向法院提起诉讼，乙为第一被告，A银行为第二被告，请求法院判决乙立即结清贷款，要求A银行恢复其征信记录，并配合解除2010年签订的购房借款合同，解除抵押，配合原告甲完成产权人变更为乙。

案件审理中，乙表示"无钱"归还剩余贷款，只能按月还款。A银行认为本案不存在合同法定或约定的解除事由，A银行有权向原告甲和被告乙主张还款责任，原告甲的诉请无事实及法律依据，请求依法驳回。

法院审理认为，依法成立的合同受法律保护，合同约定的还款义务尚未完成，解除借款合同无事实及法律依据。同时，因本案涉及房屋的贷款未全部清偿，解除涉案房屋抵押权的条件未达成，无法变更涉案房屋的权属登记，因此原告甲请求撤除抵押并办理权属变更不符合合同约定，亦无法律依据。依照《中华人民共和国合同法》第八条"依法成立的合同，对当事人具有法律约束力。当事人应当按照约定履行自己的义务，不得擅自变更或解除合同"；第六十条"当事人应当按照约定全面履行自己的义务"。一审驳回了原告的诉讼请求。

2019年8月，甲向中级人民法院提起上诉，请求撤销一审判决，改判支持上诉人的一审诉请。

二审法院经审理，认为甲、乙、A银行三方所签借款合同是各方当事人真实意思表示，内容不违反法律、行政法规的强制性规定，为有效合同。该借款合同关系与甲、乙之间的婚姻关系属两个不同的法律关系，其二人的婚姻关系是否存续不影响合同的效力及存续。依据《最高人民法院关于适用〈中华人民共和国婚姻法〉若干问题的解释（二）》第二十五条"当事人的离婚协议或者人民法院的判决书、裁定书、调解书已经对夫妻共同财产分割问题作出处理的，债权人仍有权就夫妻共同债务向男女双方主张权利"，原告诉请无事实及法律依据，二审驳回上诉，维持原判。

争议焦点：无房一方能否要求解除借款合同？

本案的争议焦点在于，在乙已经获得房屋的情况下，甲能否以不享有房屋、不承担剩余房贷为理由，要求银行解除借款合同并配合变更产权？理清这一争议，需要弄清楚两点：第一，甲、乙二人离婚后，乙获得房屋并承担贷款，甲是否就与房屋的后续还贷无任何关联？第二，如甲仍需承担还款责任，那么甲能否因乙逾期还款的行为影响自己征信，要求银行配合解除借款合同？

首先，在离婚判决中，甲乙双方达成一致意见，贷款房屋归乙所有，乙承担剩余贷款，但对于 A 银行来说，甲乙仍为共同还款人，这是因为婚姻关系和借贷关系为两个不同的法律关系。根据《婚姻法》第四十一条"离婚时，原为夫妻共同生活所负的债务，应当共同偿还。共同财产不足清偿的，或财产归各自所有的，由双方协议清偿；协议不成时，由人民法院判决"；《最高人民法院关于适用〈中华人民共和国婚姻法〉若干问题的解释（二）》第二十五条"当事人的离婚协议或者人民法院的判决书、裁定书、调解书已经对夫妻共同财产分割问题作出处理的，债权人仍有权就夫妻共同债务向男女双方主张权利"等的规定可以看出，婚姻关系的存续与否，并不影响甲乙二人为贷款的共同还款人这一事实。尽管房屋判决归乙所有，但在贷款未结清的情况下，双方仍应继续履行合同规定的还款义务。

其次，甲乙同为贷款合同的借款人，对于逾期还款应承担共同责任，乙承担贷款这一事实不能对抗 A 银行作为债权人行使债权的权利。既然是共同责任,那么一方未按合同约定还款,必然对双方的征信都会产生不良影响。在贷款未结清的情况下,A银行基于法律的规定和维护自身利益考虑,不同意甲解除借款合同的请求,是合理合法的。

思考:离婚时怎样避免后续纠纷?

针对本案,有以下3种处理办法可供消费者参考。

(1)提前还款A:夫妻离婚进行财产分割时,放弃房屋所有权的一方,可以要求取得房屋所有权的一方提前还清贷款,并变更房屋产权所有人,彻底解除双方的后顾之忧。

(2)提前还款B:夫妻离婚进行财产分割时,若取得房屋所有权的一方无法还清贷款的,夫妻二人可协商由未取得房屋所有权的一方先行还清银行贷款,由获得房屋的一方向另一方支付对价,完成房屋产权变更,避免后患。

(3)卖房变现:如夫妻双方经济条件都不允许提前还款,为避免逾期产生不良征信,以及后续纠纷,双方可协商将房屋出售折现,用房屋出售款来结清银行贷款,双方分配房屋剩余价款。

通过上述案例,夫妻离婚为避免贷款逾期产生"后遗症",尽快结清贷款是最便捷的方式。

10. 换位思考，银行卡集中投诉圆满化解[①]

随着国家对电信网络金融犯罪及洗钱犯罪打击力度的持续加大，金融监管部门对于金融机构账户开立和日常业务中的客户身份识别要求不断提高。如何做到严把账户风险关，在不违反监管要求的同时做好消费者权益保护和客户服务工作，是对银行全面经营管理的严峻考验，急需强化管理，做好服务。

案情简介：大批异地客户无法完善银行预留信息被止付，投诉增多

为严格落实《反洗钱法》中关于"金融机构需进行客户身份识别"的要求，A银行西安分行从2019年底至2020年初，分批次通过多渠道向"休眠账户"和"身份证件过期"的客户提示，需在银行止付日前，及时进行卡片激活或身份证件信息维护。多次提前通知后，该银行对到期仍未激活卡片和证件过期的客户进行了账户止付。被止付的账户对客户资金实行"只收不付"控制，并只能由客户本人持有效证件前往银行柜面进行账户解止付。

[①] 本文作者：王一，就职在昆仑银行西安分行，于2020-12-29发表在中国银行保险报网。

10. 换位思考，银行卡集中投诉圆满化解

2020年1月底开始，新冠肺炎疫情暴发，全国人民响应国家号召，进行居家隔离。该行按照"向疫情防控倾斜，兼顾工作连续性"的原则，在符合防疫要求的前提下，办理柜面基本业务。正在此时，该行客服中心收到因银行卡无法使用而导致的集中投诉。

银行经核实后发现：2019年底，因工作原因，一大批在油田前线作业区的代发单位个人客户无法按期返回开卡城市办理账户激活或身份信息维护。当发现账户被止付后，该行网点目前仅在省会城市，因疫情原因滞留异地作业区无法及时赶回，从而导致手中的银行卡无法正常使用。客户十分气恼，认为银行擅自进行账户止付是违约，严重影响正常用卡，产生强烈不满，于是引发了集中投诉。

处理情况：服务转型，换位思考

该行收到集中投诉后十分重视，积极与客户单位联系，核实客户业务诉求。针对油田代发单位一线客户的特殊情况，该行立即成立了应急处理工作组，召开专题会议及时解决客户困难。该行应急工作组确定了处理方案，上述两类客户可通过拨打银行客服中心电话，由客服中心工作人员核验客户账户基本信息后，下发工单到相应开户行。开户网点核对系统信息，确定因"账户休眠"而导致的账户止付，开户行可以凭借工单直接解止付；因证件过期导致的账户止付，客户提供本人手持身份证的照片，及本人需要维护的内容，通过微信方式传至开户行，由开户行进行信息核实并与客户进行身份比对后通过客户提供的照片维护信息并解止付。

随后，该行将解决方案提供给多家在外地的代发单位，同时通知客服中心在接到同类咨询电话时，引导客户按此方案处理，网点在核验客户身份信息、账户信息无误后，立即进行账户解止付。该方案得到了客户的一致好评，在特殊时期，灵活变通核验方式，化解了客户集中性投诉，同时

也加深了该行与代发单位的合作，充分体现了银行"客户至上"的服务理念。

案例剖析：严格落实监管要求，灵活进行业务处理

《中国人民银行金融消费者权益保护实施办法》中第二十四条：银行、支付机构应当切实承担金融知识普及和金融消费者教育的主体责任，提高金融消费者对金融产品和服务的认知能力，提升金融消费者金融素养和诚实守信意识。

在此案例中，银行的目的是通过此举严格落实账户实名制和客户身份识别要求，有效保障客户账户资金安全的同时让客户体验各种便捷、创新的支付方式，达到支付安全性和便捷性的统一。同时，也是有效地打击电信网络诈骗等新型违法犯罪活动的客观需要。但因涉及的客户对相关政策情况缺乏了解，日常宣教普及也存在一定盲点，故不仅没有达到核实效果，反而导致多笔投诉。

案例警示：服务客户严控风险，主动担当主体责任

随着国家对于支付结算业务风险管控的力度加大，犯罪分子也试图找寻新的途径获利。对于银行来说面临对风控系统和服务模式的极大挑战。但银行机构要善于从目前复杂的形势下捕捉和创造机遇，学会在危机中育新机、于变局中开新局，要努力做到以下几点。

（1）灵活开展业务。银行在服务工作中须坚持"支付为民"理念，善于识别风险、善于区分客户。结合本案例情况，对于因特殊原因无法前往柜面办理业务的普通客户，银行线上校验信息后办理相应业务，保障客户的正常用卡。而对于涉嫌电诈活动的客户，银行对其账户交易信息进行详细分析，依旧保持原止付状态，并及时上报相关部门。上述案例中涉及的银行物理网点有限，这种灵活处理业务的方式，充分发挥了技术手段作

用，在控制风险的同时为客户提供了便利，也为银行与企业后续业务发展奠定了良好的基础。

（2）换位处理投诉。银行工作人员在接收到客户咨询时，应从解决问题的角度出发，寻找客户的投诉症结，探讨解决问题的方法。不得简单粗暴地要求客户按照传统方式完成相关业务处理，需做到换位思考，想客户之所想，急客户之所急。遇见特殊情况时，需对客户进行耐心解释，要在做好安抚客户情绪工作的同时积极进行沟通协调，灵活处理，积极帮助客户解决困难，而不是简单地推诿至监管部门。结合本案情况，虽然银行机构是落实《反洗钱法》要求，但是处理投诉时，不能简单地以"监管规定"为由生硬解释，应当结合当前疫情实际，在不违背法规制度要求的前提下，灵活为客户解决实际问题。

（3）加强宣传教育。银行在日常工作中应履行好金融消费者宣传教育的主体责任，做好消保宣传，将厅堂服务、产品营销与消保普教有机结合，加大金融业务知识普及力度，增强消费者风险防控意识和自我保护意识，提升消费者主动配合监管要求的能力。结合本案例的情况，银行落实账户实名制和客户身份识别要求是为了更好地配合反洗钱和反电诈工作的进行。所以银行应在日常进行消费者权益保护宣教时，一方面，应持续宣传跨境赌博、电信诈骗等犯罪行为的隐蔽性、危害性，引导客户主动远离风险；另一方面，也应大力普及国家政策法规，引导客户积极配合，共筑防范银行卡犯罪的群众防线。

11. 服务老人有温度，智能生活不掉队[①]

近年来，随着社会老龄化程度的加深，老年人在银行智能化进程中面临着一些问题，如银行 ATM 的使用、电子支付等，部分老年人难以操作。近日，国务院办公厅也印发了《关于切实解决老年人运用智能技术困难实施方案的通知》，要求聚焦涉及老年人的高频事项和服务场景，坚持传统服务方式与智能化服务创新并行，切实解决老年人在运用智能技术方面遇到的突出困难。本文结合一起真实案例，从切实维护老年人的金融消费的权益出发，对银行服务工作做实做细提出了相关完善建议。

案情简介：老人办理业务　是存款还是理财引发争议

2020 年 4 月 26 日，年近 80 岁的老人张某前往 A 银行查询本人名下的存款利息情况，但发现并没有利息收入记载。其述称 2016 年至 2020 年在 A 银行存款 5 笔，均没有支取利息。2020 年上半年张某整理账务时发现账户上并没有收到 5 笔存款的利息。因此，老人称要求 A 银行将本人名下自 2016 年 10 月 19 日开户以来，多笔"存款利息"归还。

A 银行方面调阅了相关资料，向老人解释："您所说的'存款利息'其

[①] 本文作者：张琳，就职在陕西金融消费纠纷调解中心，于 2020-12-08 发表在中国银行保险报网。

实是购买了理财，而并非存款。购买的理财产品获得收益目前均已计入您名下的账户，且收益支取明细均可查询。"

老人由于年事已高，坚持认为当时是办理的存款，而非理财，对该银行的解释不认可，于是引发了争议，要求第三方调解。

调解过程：核实账务明细　详询办理过程

2020年10月13日，调解中心对此纠纷进行调解。根据调解程序，双方做了详细的陈述，老人张某始终坚称自己从未购买理财产品，并强调自己根本不会操作ATM，也不会使用手机银行办理业务，并称自己每次办理存款时都是在银行工作人员陪同下进入ATM防护舱。

银行方面称，张某的账务信息很清晰，不存在利息丢失的情况。根据张某名下的账户交易流水得知，张某在2016年10月19日至2020年1月6日期间分别购买了5笔理财产品，前三笔是在2017年以前购买，无监控视频；后两笔是在2017年购买，但当时的监控视频由于系统问题难以调取。银行称："其中有一笔理财收益也就是张某所说的'存款利息'已转到张某的另外一张卡中，还有四笔收益均通过ATM取现，转账和取现所得金额刚好是张某误认为所丢失的'存款利息'。"

调解员根据交易流水逐笔与张某进行核实，并对每笔存款记录以及理财账户的情况给予耐心解释，但张某表示对理财账户不知情，并称在办理业务中，银行从未告知名下有理财账户。

银行称张某理财账户上的钱也属于张某，该理财账户的作用是张某用来购买理财使用的，收益也是可以进行查询的，在张某办理该业务时都是经过张某知悉并同意才能办理理财账户，不存在未告知的情况。但由于购买理财时的相关材料以及监控视频有些时间过长已难以调取。但根据账户交易流水得知，张某在A银行办理的所有存款都是购买理财产品，期间所有的理财利息均在张某名下的账户上,不存在利息丢失的情况。

调解结果:证据不充分　调解终结

《商业银行理财业务监督管理办法》第二十六条规定:商业银行销售理财产品,应当加强投资者适当性管理,向投资者充分披露信息和揭示风险,不得宣传或承诺保本保收益,不得误导投资者购买与其风险承受能力不相匹配的理财产品。商业银行理财产品宣传销售文本应当全面、如实、客观地反映理财产品的重要特性,充分披露理财产品类型、投资组合、估值方法、托管安排、风险和收费等重要信息,所使用的语言表述必须真实、准确和清晰。A银行作为商业银行分支机构,对张某所购买理财产品涉及的文件、记录、录音等资料具有妥善保存的法定义务。如客户能够准确描述其出入A银行营业场所的时间、办理业务的类型、办理业务的相关凭证,则A银行有义务出示后台技术系统保存的录音录像材料和客户经办的文件材料。

本案中,张某始终不承认自己有过多次购买理财产品的经历,一直认为自己在A银行办理的是存款业务,对理财产品所得收益并不知情。其中部分业务,A银行无法提供张某当年购买理财产品的相关原始材料及监控视频。本案关键在于银行销售人员在销售理财产品时,是否告知张某所购买的理财产品信息以及产品风险等问题。从账户情况来看,的确资金没有错漏,但老人是否对购买理财产品知情一直是困扰双方的最大问题,一直无法达成一致。在老人也无新证据的情况下,最终未能达成一致意见,该案件宣布终止调解。

启示:关注老年群体需求　优化提升金融服务

以上案例充分说明,按照国务院文件要求,金融机构可以多措并举,在遵守监管要求的前提下，采取多种措施更好地维护老年金融消费者的合法权益，为其提供安全、快捷的服务，确保老年人在智能生活中不掉队。

一是符合监管要求。近年来，为切实维护消费者权益，规范市场秩序，金融监管部门分别在2017年、2018年出台了《银行业金融机构销售专区录音录像管理暂行规定》《商业银行理财业务监督管理办法》等相关制度予以规范、完善，夯实保护消费者权益的制度基础。金融机构在销售产品时，应该严格遵守监管部门的要求，规范操作流程，保留好相关的证据，切实维护金融消费者合法权益，避免不必要的纠纷。

二是提供优质服务。金融机构应该通过强化日常金融知识宣传教育、自制金融知识口袋书等手段，加强针对老年金融消费者的金融知识普及。在办理金融业务时，金融机构尽量使用浅显易懂的服务文本文件，剔除专业性、法律性太强的文字表述，让老人一看就明白自己的权利和义务，消除后顾之忧。还可以为老年客户提供必要的辅助设施，如提供老花镜、开通绿色通道或者开辟专窗等，为老年客户提供更好、更安全的金融产品及更优质的服务。

个人信息很重要　做好防护最关键

1. 警惕个人信息泄露[①]

大数据时代的来临，使得收集信息变得越来越快捷、越来越普遍，在一定程度上为人们的生活带来了极大的便利。但随着社会高度信息化的发展，公民个人信息保护也受到了前所未有的威胁，一些不法分子利用非法渠道获取个人信息，稍做包装后开展诈骗，容易让普通大众防不胜防，亟须在日常生活中提高警惕，多加防范。

案情回顾：冒充银行工作人员骗贷

2020年5月28日中午时分，CD银行某支行个人消费贷款客户李某通过微信向CD银行反映他收到了一个自称CD银行工作人员的电话，该致电人员可以直接叫出客户姓氏，并且知道该客户刚从CD银行申请个人消费贷款8万元，说可以给他追加授信额度。客户不知真假，特意前来确认。

据CD银行客户经理进一步了解，该客户接到的手机号码归属地为外省，微信头像使用的图片是CD银行的LOGO标识，微信名为"CD银行个贷部客户经理"。由于CD银行无此部门，客户经理立即警觉这有可能是一起由于客户信息泄露引起的骗局，随即向上级进行了汇报。

CD银行总行得知此事后十分重视，立即安排人员兵分两路，一边查找

[①] 本文作者：晏晓樱，就职在成都银行西安分行，于2021-01-19发表在中国银行保险报网。

该客户信息泄露的原因,一边安排专人假扮客户用微信与骗子聊天,获取骗子违法证据。经过两天的努力,终于查出该骗子为一家小贷公司的业务人员,为了完成业绩,使用给安卓手机用户植入木马程序的方法调阅客户短信,获取客户信息,在CD银行网点楼上租用写字间,然后冒充CD银行工作人员进行骗贷。

案例分析：信息泄露让犯罪分子有可乘之机

从该案例可以看出,随着互联网的高速发展,个人信息逐渐变成一种资源,在日常生活中,稍有不慎,就有可能在自己不知情的情况下将个人信息泄露,然后很有可能被他人不法利用。此案中的骗子就是利用了安卓手机的安全漏洞,在客户手机中植入获取客户手机短信的木马程序,阅读到CD银行给客户发送的贷款审批通过告知短信后,冒充银行的工作人员进行骗贷。

概念普及：诈骗分子喜欢什么信息

个人信息:是指以电子或者其他方式记录的能够单独或者与其他信息结合识别自然人个人身份的各种信息,包括但不限于自然人的姓名、出生日期、身份证件号码、个人生物识别信息、住址、电话号码等。

个人金融信息:包括个人身份信息、个人财产信息、个人账户信息、个人信用信息、个人金融交易信息、衍生信息,以及金融机构在与个人建立业务关系过程中获取、保存的其他个人信息。

消保建议：防止个人信息泄露

随着科技的不断进步,作为消费者也要提高个人信用保护意识,做好自己的安全卫士,以下是几个预防个人信息泄露的常用方法。

1. 警惕个人信息泄露

不轻易打开不明来源的链接、电子邮件以及附件；不随意填写个人资料；不扫描没有安全保障的二维码。

不轻易授权"免密支付"功能，若开通"免密支付"，要将手机设置为锁屏密码或手势、指纹解锁。同时设定月度限额或单次支付限额，一旦出现意外可避免损失扩大。

在正规官方渠道下载安装 App，认真阅读服务协议、用户隐私政策等说明，谨慎授权。定期使用安全软件对手机系统进行安全检测。对已经不使用的 App，应及时注销个人账户和数据。

不同网络平台的账号密码设置可添加一些大写英文字母或标点符号进行区分，切勿设置成一样的。

在公共场合连接 Wi-Fi 时同商家确认好 Wi-Fi 名称，对于没有密码的公共 Wi-Fi 要谨慎使用，要尽可能使用手机自带的数据流量。

在传输涉及个人信息的文件时，使用加密技术，即发送方使用加密密钥，通过加密设备或算法，将信息加密后再发送出去。

2. 保护个人信息，维护资金安全[①]

随着互联网、通信技术的发展，一些不法之徒利用现代通信技术和网络等方式不断翻新诈骗手段，电信网络诈骗呈现出手段多样、高科技化的特点，严重损害了个人客户的资产安全，造成了不良的社会影响。目前，常见的个人信息泄露的途径有网络刷单、各种商业机构会员办理、网络交友、网络赌博、点击不明链接等，所以个人信息滥用、泄露等现象时有发生，导致网络诈骗越来越猖獗，针对诈骗的群体也越来越年轻化。

案情简介：商场办理会员卡后个人信息泄露，导致资金被盗

近期，客户L女士（25岁，独居）致电J银行客服电话，称其在J银行卡上的资金没经过她本人操作，全部被转至不明账户，客户L女士称2020年5月14日23：00左右，她的手机接到155开头的陌生电话，她没有透露任何信息，对方给她手机呼叫转移后，她的借记卡账户就被转出了5万余元，J银行客服紧急帮客户做了账户挂失，并建议客户立即报警，客户L女士称自己已报警，要求J银行核查资金去向，并且赔偿损失资金。

[①] 本文作者：李寒冰，就职在交通银行陕西榆林分行，于2021-08-31发表在中国银行保险报网。

2. 保护个人信息,维护资金安全

接到该笔风险盗刷工单后,该银行立即开启内部核查,经授权查看客户交易明细,2020年5月14日13:27:20客户从支付宝贷入17982.02元至J银行储蓄卡,当日14:25:37转出给B行于某某,账号622848**************,15:40:44又一笔26000.00元贷入至其J银行储蓄卡,随后15:45:31手机银行转出给B行于某某,账号同上。根据转账交易判断,事情并不像客户所称自己未做任何操作,资金却不翼而飞。经与客户L女士核实,称其5月14日接到开头为155的陌生电话,电话中称是某市(客户出生地)公安机关办案人员,告诉L女士她涉嫌一起洗钱案件,需要给L女士递送司法起诉资料要客户去取,L女士很紧张称她不在本地,无法去取,"骗子"就指示L女士加他QQ把资料传送给她,L女士根据对方指示加上QQ,对方通过QQ给L女士传过来伪造的法院传票及L女士的身份证照片信息,至此L女士深信不疑,"骗子"称L女士的账户不安全,让其继续按照对方的指示将自己在用的185********手机号变更为134********的,且根据"骗子"指示在异地J银行网点将手机银行、银行卡的预留手机号全部变更为134********,之后继续按照指示从支付宝账户将可贷额度全部贷入J银行借记卡。之后,L女士手机一直处于无信号状态,等手机恢复正常状态时卡上全部资金已被转出,共计5万余元。

J银行和L女士深入沟通了解,发现了更多的细节。L女士称对方能清楚地说出她的出生地、工作地,以及她前一天所去的某商城办理会员卡的事。她觉得只有公安机关才能做到这些,所以她对此深信不疑。根据这个细节,J银行判断L女士应该是在某商城办理会员卡时,不慎泄露了个人信息,被不法分子有机可乘,并将这一信息提供给警方。根据警方调查,确定了L女士就是在某商城办理会员卡时,将身份证放置在柜台上接了2分钟左右的电话,被"骗子"拍取了身份证信息,致使个人信息泄露,导致个人资金损失。案情清楚后,J银行积极配合警方调查,全力帮助L女士尽可能追回诈骗资金。

案情剖析：注重个人信息保护，维护资金财产安全

在智能化时代，确实给我们生活带来了诸多便利，但也让不法分子利用高科技给防范意识不强、风险辨别能力较弱的老年群体和青少年群体带来巨大风险，使其有机可乘。保护好个人信息不仅是个人的事情，商业机构也应当切实加强防范，提高保密意识，相关法律法规也有详细规定。

《中华人民共和国消费者权益保护法》第二十九条第二款规定："经营者及其工作人员对收集的消费者个人信息必须严格保密，不得泄露、出售或者非法向他人提供。经营者应当采取技术措施和其他必要措施，确保信息安全，防止消费者个人信息泄露、丢失。"

《中国人民银行金融消费者权益保护实施办法》（中国人民银行令〔2020〕第5号）第三十四条规定："银行、支付机构应当按照国家档案管理办法和电子数据管理等规定，采取技术措施和其他必要措施，妥善保管和存储所收集的消费者金融信息，防止信息遗失、毁损、泄露或者被篡改。银行、支付机构及其工作人员应当对消费者金融信息严格保密，不得泄露或者非法向他人提供。"

本案中，L女士将自己的身份证放置在柜台上短暂离开接电话期间，致使身份证信息被"有心"的不法分子拍照留存，设计、实施了缜密的网络诈骗案，造成了消费者不小的经济损失。虽是L女士本人不慎导致自己身份信息泄露，但该商场的服务人员也未尽到及时提醒客户保管好个人身份证的责任，未尽到加强保护消费者信息的义务，服务过程中存在瑕疵。所以各机构应该完善个人信息保护制度，强化员工保护个人信息的意识，若疏于防范，势必造成客户信息的泄露。从本案中也反映出L女士个人信息保护意识淡薄，防范意识不强，所以应加强金融知识普及宣传教育，提醒

消费者谨防上当受骗。

风险提示：如遇诈骗莫心慌，以下事项请牢记

接到陌生电话后，如对方号称公检法的，一律挂掉电话，及时和家人朋友确认事情的真实性，保持冷静，切勿在电话里方寸大乱，按照对方指示操作将个人私密信息泄露给对方。

如已遭遇网络诈骗，应尽量保持冷静，切莫心慌。确定自己的损失情况及时报警，并紧急联系银行将自己的账户进行冻结，避免再次遭受损失。

报警之后，应立即配合公安机关开展紧急止损工作。拖延骗子转移钱款的时间，为联系银行、破案等进一步止损工作争取宝贵时间。

网络诈骗者一般都是通过媒介与被骗者接触联系，如QQ、手机短信、电子邮件、网上购物和网络游戏等，所以在使用以上媒介时，务必提高警惕。

有的受骗者被骗后不好意思报案，或者报案时对案件事实有所隐瞒，这将不利于公安机关破案。为了尽快抓住犯罪嫌疑人，挽回损失，应及时报案，并向办案民警如实反映案件情况。

3. 信息缺失难兑付，想方设法找"户主"[1]

时代在发展，科技在进步，对个人银行账户的开立及风险管理有了更严格的管理及要求。账户实名制、客户九要素信息的完整度都在逐步更新，日新月异的变化为广大人民群众提供了更加便捷高效的服务体验，也为银行账户的管理提供了莫大的便利。如果客户基本信息依然缺失，将带来极大的不便。

国债到期客户失联，千方百计寻找告知

××银行××支行在某次排查国债到期未支取客户时发现有一位林姓客户，于2003年购买的三年期国债早已到期，但至今仍未支取。××支行行长、副行长及个金客户经理立即对客户的情况展开调查分析。经查询，××支行员工了解到客户为一名50岁的女性，在系统中并未留下任何联系电话，仅有一个粗略的住宅地址，从未办理过××银行的银行卡，近些年客户也并未在××银行办理过任何业务。根据以上情况初步分析，客户应该是因为工作繁忙，将在××银行购买过国债的事情忘记了，进而国债到期也忘记了支取。

"总不能任由客户资金闲置着吧？万一客户因为忘记永远都不知道这笔

---

[1] 本文作者：胡瑜，就职在交通银行陕西省分行，于2021-05-18发表在中国银行保险报网。

3. 信息缺失难兑付，想方设法找"户主"

钱到期了怎么办？"支行一名客户经理焦急地说道。支行行长表示："'保障金融消费者财产安全和知情权'可不只是一个口号，'服务好每一位客户，做最佳财富管理银行'也绝不是一句空话。虽然有效的信息太少了，但是无论如何我们一定要想尽一切办法找到这位客户。"

经过大家集体讨论，最终决定利用下班时间一起去客户预留的住宅地址附近寻找客户。由于客户预留的地址很粗略，××银行××支行全体工作人员每天下班后兵分三路，在客户预留的模糊住址附近的住宅小区逐一走访询问。由于群众的不信任，大家受到过各种质疑，接受过各种白眼，甚至有时会被当作骗子驱赶，但是没有一个人打退堂鼓，而是想出各种各样的办法证明自己是银行员工的身份，例如，整齐地穿戴行服，佩戴胸牌，携带工作证、名片等。

××银行××支行工作人员下班后有的把放学的孩子送去了托管班，有的把父母接到家中照顾孩子，有的把家中年事已高的老人交给爱人照顾，有的员工主动牺牲休假时间开展联系寻找，经过长达20余天的努力仍然没有任何进展。大家其实都已经有些气馁了，但是转念一想，现在放弃虽然很简单，但是客户的资金呢？也就放弃了吗？那可是客户辛辛苦苦挣来的血汗钱。

在支行行长的鼓励下，大家又都重新打起精神，商量着要不要寻求公安局的帮助。正在这时候，一位在小区门口纳凉的阿姨听说银行的工作人员在他们小区找人，碰巧她知道这位林女士，但是林女士现在已经不住在这里了，林女士的房子也已经租出去了，阿姨与林女士近些年无任何联系且忘记了她在小区房产的具体位置。燃起的希望再次落空，但大家并不气馁，挨家挨户找遍了林女士原居住小区附近的所有房产中介，并留下网点的联系方式，希望通过房产中介能够让林女士联系到支行。

功夫不负有心人，几天之后的一个下午，支行行长意外地接到了林女士本人的来电,她在电话中激动地回忆起自己确实有一份国债因为搬家等事情被遗忘多时。第二天,林女士到支行顺利办理了国债兑付手续。林女士为××支行的服务深深感动,为××支行的员工送上了感谢信。

案例引发的思考

时代在发展,科技在进步,智能化手段也在不断进化,传统业务会被取代,传统业务办理模式会被升级,甚至业务办理流程都会被颠覆,但守护客户资金安全的初心是任何改变都不可替代的。维护金融消费者权益,保障金融消费者财产安全权与知情权,是每位金融机构工作人员应尽的义务,将维护金融消费者权益的工作理念融入每天的工作中,用坚持不懈、始终如一的消保服务思想,让维护消费者金融权益开出生命之花。

链接:如何保护银行消费者的合法权益

为建立中国银行业公平对待消费者工作机制,提高银行业公平对待消费者意识,规范银行业服务工作,保护消费者合法权益,促进银行业稳定健康发展,根据《中华人民共和国商业银行法》《中国银行业文明服务公约》等法律法规及行业规范,制定了《中国银行业公平对待消费者自律公约》。公约约定公平对待消费者的原则是:依法合规、诚实守信、公开透明、公平公正、文明规范。

公平对待消费者,八项内容要记牢:

(1)依法合规经营,诚信对待消费者。

(2)热情友好服务,营造和谐服务环境。

(3)客观披露信息,保障消费者知情选择权。

(4)保护客户信息,依法保障消费者信息安全。

(5)维护经营秩序,依法保障存款安全。

3. 信息缺失难兑付,想方设法找"户主"

(6)忠实履行合约,保障消费者获得相应质量的服务。

(7)完善投诉处理机制,确保消费者投诉妥善处理。

(8)开展消费者教育,增强消费者的风险意识和风险防范能力。

4. 保护个人生物信息，当心被"偷脸"[①]

随着人脸识别技术的兴起，"刷脸"被广泛应用在金融、政府、公安、安防、航天、教育、医疗等多个领域，给我们的生活带来了方便和快捷。然而，一些不法分子盯上了我们的人脸信息，借此实施违法犯罪活动，带来不小的安全隐患。人脸数据一旦信息泄露，容易被不法分子利用，对目标客户实施营销、诈骗等行为，需要大家提高警惕，谨防被"偷脸"。

案情简介：看房莫名被"刷脸"，个人信息遭泄露

今年年初，某市市场监管局的执法人员检查发现，某某置业有限公司在其楼盘售楼处现场安置多台摄像头，这引起了执法人员的高度警觉。果然，在营销办公室电脑的系统后台中，执法人员找到了被"摄像头"记录下的人脸头像，其中就包括了执法人员进入售楼部时的头像，数量达10万余张。原来，为促进销售，开发商开展了全民营销、老带新奖励、中介分销转介等营销活动，每当有来访人员到达售楼处，摄像头（人脸抓拍机）就会抓拍记录下来访者的人脸信息，并储存在服务器上。在消费者签订购房买卖合同时，他们会通过消费者身份证信息和再次人脸识别，匹配出其首次到访时间、到访次数等信息，用来区分购房者的来源渠道，并据此与分

[①] 本文作者：梁慧，就职在长安银行，于2021-09-28发表在中国银行保险报网。

销商或推荐人结算佣金奖励。虽然售楼处摆放了"本售楼处安装有人脸识别系统，您已进入视频监控区域，我们承诺保护您的人脸等信息安全"的告示牌，但是都没有明确告诉消费者收集、使用信息的真实目的和范围。执法人员也随机抽取了部分购房者了解情况，购房者均表示对个人信息被采集和使用的情况毫不知情。近日，某市市场监管局对此案依法作出处理：责令某某置业有限公司改正并处罚款25万元。

案情剖析：泄露的人脸信息，侵害了消费者的哪些权益

该置业有限公司的行为侵害消费者的知情权、自主选择权和信息安全权等合法权益。

一是该公司在其售楼处未明示收集、使用信息的真实目的和范围，采集人脸信息的过程也未经消费者同意，违反了《中华人民共和国消费者权益保护法》第二十九条第一款的规定："经营者收集、使用消费者个人信息，应当遵循合法、正当、必要的原则，明示收集、使用信息的目的、方式和范围，并经消费者同意。经营者收集、使用消费者个人信息，应当公开其收集、使用规则，不得违反法律、法规的规定和双方的约定收集、使用信息。"相关规定，属于侵害消费者合法权益的行为。

二是该公司的行为严重侵犯了消费者的个人信息安全权。个人生物识别信息的独特性、敏感性决定了其不宜与一般个人信息进行同等力度的规范。全国人大常委会2021年8月20日第十三届全国人民代表大会常务委员会第三十次会议通过《中华人民共和国个人信息保护法》（该法自2021年11月1日施行），将一般个人信息与敏感个人信息的处理规则进行区分，明确了"个人生物特征"属于敏感个人信息，处理敏感个人信息应取得个人的单独同意，并告知处理敏感信息的必要性及对个人的影响。人脸信息属于个人生物识别信息。售楼处单方面的店堂告示明显不属于已经获得了

入店消费者的"单独同意",即不能采用默示同意的规则。采用人脸识别技术要充分尊重个人客户的知情权和自主选择权,客户可以同意选择人脸识别,也可以保留不进行人脸识别、比对的权利,显然上述案例的售楼处没有尽到合理的告知义务,导致了消费者的个人生物识别信息的滥用。

三是根据最新发布的《中华人民共和国个人信息保护法》第二十六条:"在公共场所安装图像采集、个人身份识别设备,应当为维护公共安全所必需,遵守国家有关规定,并设置显著的提示标识。所收集的个人图像、身份识别信息只能用于维护公共安全的目的,不得用于其他目的;取得个人单独同意的除外。"规定,本案例中售楼处的行为如发生在2021年11月以后或将触犯个人信息保护法。售楼处属于一个公共场所,该公司未经消费者同意采集、储存消费者人脸信息的行为已经超出了法律所授权范围,也不符合维护公共安全的目的。

刷脸时代,个人信息泄露风险有多大

随着生物科技的进步,人体的指纹、虹膜、面容等个人生物信息的获取、采集、存储和应用越发便利。与此同时,个人生物信息被泄露、滥用等风险也层出不穷,存在滥用的趋势,需要我们提高警惕,保护自身财产安全。个人生物信息具有唯一性和不可变更性质,一旦泄露就是终身泄露,带来的风险极大。下面为广大消费者介绍一些常见的人脸信息泄露案例,供大家借鉴。

一是不法分子利用非法手段除套取受害人手机银行的交易密码和短信验证码外,还采用虚拟摄像头、视频方式等技术非法通过人脸识别和活体检测,以虚假身份完成设备绑定及转账等操作。

二是不法分子盗用受害人在网络上发布的照片、视频,利用人体图像合成技术实现视频换脸,实施精准诈骗。将被害人的脸换至不法分子的脸上，假冒被害人与亲朋好友视频通话，骗取其亲朋好友信任，进而骗取钱财。

三是不法分子甚至将非法获取的人脸信息用于洗钱、涉黑等违法犯罪活动，导致受害人被无辜卷入刑事诉讼中。

个人信息保护指南

人脸信息是每个人独有的生物学信息，不像密码可以随意修改，一旦发生泄露、滥用，将可能给消费者的人身、财产安全造成影响。为切实维护自身权益，提醒广大消费者在购买商品、接收服务时，要做到以下"六个不"，帮您畅享智能技术带来的美好生活。

一是不要向他人提供证件、账户、交易密码、短信验证码、人脸信息等个人信息。在任何情况下，公安、检察院、法院工作人员都不会要求您告知银行账户、卡号、密码或要求您向来历不明的账户转账。

二是不要轻信来历不明的电话号码、手机短信和邮件。警惕向您询问个人金融信息的电话及电子邮件。

三是不轻信短视频、短链接。在涉及钱款转账的情况下，最好亲自当面确认，或通过电话等多种方式进行多重验证，谨防受骗。

四是不要配合身份不明人员采集您的人脸、指纹和虹膜等个人生物信息，警惕需要上传手持身份证照片或视频的要求。

五是不要在来源不明的 App 里面上传人脸信息、银行卡信息、个人身份信息；敏感的个人账户设置双重验证，人脸信息仅作为辅助验证方式。应用软件请在正规市场下载安装 App。

六是不要扫描来源不明的二维码，不进行非必要的人脸扫描认证。面对来源不明的链接和二维码，要时刻保持警惕，不要随意点击或扫描，不输入个人身份信息。如果发现上当受骗，及时拨打"110"报警电话。

5. 账户冻结有原因,完善信息保安全[①]

保护好个人信息安全对每个金融消费者都至关重要,随着消费者保护意识的不断增强以及金融业务的不断规范,个人信息安全工作也日益趋于完善,树立较强的自我保护意识是每个金融消费者的必修课。与此同时,金融机构在完善制度规范保护客户个人信息安全的基础上,更要注意减少因业务办理对客户造成的影响和不便,采取更加人性化的方式,力争达到业务合规性和客户便捷性的平衡。

案情简介:卡片缘何被冻结

某日,客户某女士到陕西宝鸡某银行办理取款业务,工作人员在业务办理过程中发现某女士借记卡被冻结,需要提供身份证补充修改完善个人客户信息才能解冻。某女士认为金融机构冻结客户账户前应提前告知,并向客户提供书面的冻结函。

收到投诉后,某银行立即安排专人联系客户,客户表示对自己的卡片被冻结感到不解,对自己的账户安全感到没有保障。工作人员耐心向客户解释,第一时间消除客户的焦虑情绪,邀请客户到现场进行查询核实,对客户反映的情况进行处理。客户在提供了卡片、证件等信息后银行查询

[①] 本文作者:王婧,就职在中国工商银行宝鸡分行,于2021-10-12发表在中国银行保险报网。

5.账户冻结有原因,完善信息保安全

到,其在金融机构预留的个人关键信息不完善、不规范,手机号码号段错误(前三位不符合手机号段规则)。核实清楚后,工作人员立即将相关情况如实告知了客户,客户卡片冻结是因为银行根据客户身份识别综合治理相关工作要求,对客户账户进行了暂时控制,客户凭身份证件修改错误信息后,即可对客户账户解除控制。工作人员还告知客户,对于因客户信息错误中止银行账户服务的情况,银行已于2019年3月1日通过门户网站、营业网点等渠道进行对外广泛公布。

在银行工作人员耐心的沟通和解释后,该女士积极配合金融机构修改完善了个人信息,账户已恢复正常使用。

案情剖析:个人信息完善很重要

本案例中,银行出于金融合规要求,对个人信息进行了管控,对信息不完善的账户采取了冻结的强制措施,以督促客户尽快联系金融机构完善信息。

根据《中国人民银行金融消费者权益保护实施办法》第十六条:"银行、支付机构应当依据金融产品或者服务的特性,及时、真实、准确、全面地向金融消费者披露下列重要内容:(一)金融消费者对该金融产品或者服务的权利和义务,订立、变更、中止和解除合同的方式及限制。(二)银行、支付机构对该金融产品或者服务的权利、义务及法律责任。"第十七条:"银行、支付机构对金融产品和服务进行信息披露时,应当使用有利于金融消费者接收、理解的方式。对利率、费用、收益及风险等与金融消费者切身利益相关的重要信息,应当根据金融产品或者服务的复杂程度及风险等级,对其中关键的专业术语进行解释说明,并以适当方式供金融消费者确认其已接收完整信息。"第二十九条:"银行、支付机构处理消费者金融信息,应当遵循合法、正当、必要原则,经金融消费者或者其监

护人明示同意,但是法律、行政法规另有规定的除外。"

金融消费者不能或者拒绝提供必要信息,致使银行、支付机构无法履行相关金融义务的,银行、支付机构可以根据相关规定对其金融活动采取限制性措施;确有必要时,银行、支付机构可以依法拒绝提供金融产品或者服务。

本案例中,金融机构有义务向客户披露涉及客户账户、资金的信息,并采取有利于金融消费者接收、理解的方式。金融消费者也同样有义务配合金融机构提供必要信息,若因客户坚持拒绝提供导致金融机构无法履行相关金融义务的,金融机构也可以依法拒绝提供金融产品或者服务。

案例启示:保护个人信息安全,金融机构应做好以下工作

本案例中,某女士对个人金融信息的保护意识较强,发现账户冻结后,提出了疑问,得到了金融机构工作人员的合理解答,解答有理有据,取得了客户的信任。某女士也根据金融机构工作要求积极配合将账户解冻,投诉得到了圆满解决。金融机构应做好以下工作:

一是金融机构在处理投诉时要积极做好告知沟通工作。本案例中,客户在取款时才发现名下卡片冻结,若能提前将冻结的情况告知客户,既能避免客户的误解,也能节约金融机构处理成本,一举双赢。虽然本案例中金融机构采取网站公告的方式告知客户,但受众有限,建议可采取短信等更为直接的方式告知客户。

二是金融机构要做好日常金融知识宣传普及工作。根据反洗钱工作安排,金融机构制定了相关具体的客户身份识别管理要求,作为客户有义务配合金融机构开展反洗钱工作,同时也应加强金融知识宣传教育,引导客户珍视个人金融信息,避免违法违规现象发生。

5. 账户冻结有原因，完善信息保安全

三是金融机构要加强日常培训，进一步提高员工业务技能。要加强员工教育培训，学习规章制度，训练业务技能，熟练掌握各类金融知识，妥善应对客户提出的各种问题，确保解答有理有据。

四是加强员工信息安全教育。银行业金融机构应将客户信息保密列入日常合规文化宣传教育的范畴，从思想上加强员工的保密意识，强化日常操作规范，提高安全防范意识，将客户信息保护纳入培训考试中，引导员工形成良好的保密习惯。

保险护航千万家　诚实信用是根本

1. 肇事逃逸，险企追偿理赔款[①]

案情简介：投保车主肇事逃逸　保险公司接到传票

近日，A保险公司接到当地法院传票，获知3个月前的一天傍晚，A保险公司所承保的车辆在当地发生了一起碰撞行人的交通事故，事故造成行人张某重伤、另一行人高某多处骨折。在事故发生后A保险公司所承保的车辆驾驶人肇事逃逸。接到法院传票后，保险公司立即与该承保车辆的被保险人取得联系，在了解到肇事车辆由被保险人本人王某驾驶后，保险公司理赔人员立即面见王某。据王某描述，自己在三个月前驾车撞伤两人，最终因交通肇事罪被拘留。

考虑到此次事故延迟报案，且王某作为肇事车辆车主及事故驾驶人未主动向保险公司报案，疑点重重，立即引起了保险公司的警觉，随即展开全面调查，并对出险过程及延迟报案原因等细节问题完成书面记录。最终经调查证实，驾驶人王某不仅涉及超速驾驶，还存在醉酒驾驶及肇事逃逸的严重违法情形。

[①] 本文作者：潘桂萍，就职在锦泰财产保险股份有限公司陕西分公司，于2021-03-02发表在中国银行保险报网。

法院判决：肇事驾驶人依法返还保险公司垫付款 12 万元

在庭审时，A 保险公司出具书面笔录及交警事故认定书等证据，证实了出险时王某属醉酒状态，在驾驶机动车辆过程中超过道路限制最高时速后连续撞倒两名行人。作为交通事故肇事者，王某非但未下车对伤者实行救助，反而驾驶车辆肇事逃逸，最终导致两名伤者中，张某特重型颅脑损伤、肌力 1 级、大小便失禁等，经司法鉴定机构评定一级伤残，需终生护理。而行人高某锁骨、骨盆、肋骨等全身多处骨折，经评定十级伤残。此次事故经交警处理，划分肇事驾驶员王某负此次事故全部责任，两名行人无责任。结合各方面证据，保险公司发表答辩意见，本次事故属机动车商业三者险及交强险免责情形，作为肇事车辆的保险公司不应承担赔偿责任。

对本案法院先后经过了一审判决、二审裁定。此次道路交通事故交警部门的事故认定事实清楚、责任明确，肇事驾驶人王某醉酒后驾驶机动车上道路超速行驶，发生事故后未迅速报警，没有保护现场，也没有抢救伤者，已违反交通运输管理规定，其行为已构成危险驾驶及交通肇事罪，应承担刑事附带民事赔偿责任，基于逃逸后，王某经交警口头传唤后能主动归案，并交代全部肇事经过，依法判处其有期徒刑三年、缓刑四年，附带赔偿受害人人身损害部分 40 余万元。而 A 保险公司商业三者险拒赔理由成立，但交强险拒赔理由不成立，所以由 A 保险公司在交强险限额内垫付 12 万元赔款。A 保险公司根据二审裁定，在向事故受害人履行赔偿义务后，依法向肇事驾驶人即车辆被保险人发起追偿诉讼。最终经法院判决，判令肇事驾驶人依法返还保险公司垫付款 12 万元。

本案启示：危险驾驶逃避不了赔偿责任

本案中肇事驾驶人醉酒驾驶，在肇事逃逸两个多小时后，血液内酒精检测结果为141.6/100ml，根据《车辆驾驶人员血液、呼气酒精含量阈值与检验》国家标准规定，属醉酒驾驶。

根据《机动车交通事故责任强制保险条款》第九条规定："被保险机动车在本条（一）至（四）之一的情形下发生交通事故，造成受害人受伤需要抢救的，保险人在接到公安机关交通管理部门的书面通知和医疗机构出具的抢救费用清单后，按照国务院卫生主管部门组织制定的交通事故人员创伤临床诊疗指南和国家基本医疗保险标准进行核实。对于符合规定的抢救费用，保险人在医疗费用赔偿限额内垫付。被保险人在交通事故中无责任的，保险人在无责任医疗费用赔偿限额内垫付。对于其他损失和费用，保险人不负责垫付和赔偿：

（一）驾驶人未取得驾驶资格的；

（二）驾驶人醉酒的；

（三）被保险机动车被盗抢期间肇事的；

（四）被保险人故意制造交通事故的。"

对于垫付的抢救费用，保险人有权向致害人追偿。

此次事故的发生，皆因肇事驾驶人的侥幸心理，其在醉酒后不听朋友劝阻，仍然驾驶机动车辆，还在接连撞到两名行人后驾车逃逸，置伤者的生死于不顾。最终此行为不仅给自己带来牢狱之灾及经济重创，还给其他两个家庭带来了无尽的伤害，终是害人害己。

在一般的交通事故中，肇事逃逸的行为或直接导致伤者错失最佳救治时段，从而造成伤者伤情的恶化，甚至造成生命危险。其逃逸行为也给交警的工作带来一定难度，造成司法资源不必要的浪费。本案中肇事驾驶人的行为不仅是犯罪行为，而且危害了公共道路交通安全，具有较大的社会危害性，这对自身及他人均是不负责任的。若对此类违法犯罪行为造成的损失仍由保险公司赔偿，将变相鼓励违法犯罪，造成损害他人合法利益和公共利益的不良后果，使其他无过错的民事主体无辜承担相应的民事责任，有违公平合理的法律原则，因此即便本案前期经一审判决、二审裁定，保险公司在交强险限额内先行垫付，但最终经保险公司发起追偿后，法院判决致害人返还保险人相关垫付费用。

2. 银行代销保险，牢记依法合规[①]

随着社会经济生活的不断进步，银行客户在办理存取款、贷款、理财业务的同时，购买保险成了常见的现象，很多银行代销保险收入也成了重要的中间业务收入来源。但由于利益驱动，"存单变保单"等销售误导现象也屡有发生，广大消费者在银行购买保险业务还是需要擦亮双眼，全面了解，选择合适自己、符合自身需求的保险产品，切忌偏听偏信。广大银行基层网点，也应该严格遵守监管要求，依法合规开展销售。

案情："存单变保单"引发投诉

近日，客户 A 致电监管部门，称自己 2019 年 3 月 9 日在 B 银行营业所办理存款业务，网点人员以高息理财为由，诱使其办理 2 万元期缴代理保险。一年后，保险公司客服督促客户续费时候，客户 A 说才知道自己买的是保险，不是存款。因此，客户 A 要求退保，提交了退保申请。客户 A 多次催促且多次去网点要求办理退保，但网点均以疫情为由一直未办理退保，引起客户不满，导致投诉产生。

---

① 本文作者：张丽霞，就职在邮政储蓄银行汉中市分行，于 2020-09-22 发表在中国银行保险报网。

调查：因疫情周转有问题，耐心解释达成和解

收到客户投诉后，银行积极开展了调查和处理。经询问业务经办人员并和客户多次沟通，了解到客户之前办理过保险，目前持有多家保险公司多份保单。但因为疫情影响，客户今年经营周转出现了问题，急需用钱，要全额退保费。银行约客户至网点进行面谈，详细说明业务规定，热心服务，耐心解释，最终客户认可退保本金损失，同意按保单现金价值进行退保，银行顺利协助客户完成退保事项。

在处理过程中，银行调取了保险公司客服与客户电话回访记录：2019年3月9日在该营业所，经网点人员推介，客户在手机银行上操作购买×××分红型保险（期交型），首次交费金额2万元，客户知晓办理的是保险业务。客服告知过保险办理后有15天犹豫期，犹豫期后退保会有本金损失，回访是由客户本人接听，客户答复均已知晓。此外，银行也针对业务销售人员在销售中对客户提前退保提示不足，管理人员消费投诉处理不及时、对客户解释不到位，分别进行了问责。

案件分析：销售保险须合规

中国银保监会办公厅关于印发《商业银行代理保险业务管理办法》第三十二条规定："商业银行及其保险销售从业人员应当对投保人进行需求分析与风险承受能力测评，根据评估结果推荐保险产品，把合适的保险产品销售给有需求和承受能力的客户。"第三十七条规定："对于保单期限和缴费期限较长、保障程度较高、产品设计相对复杂以及需要较长时间解释说明的保险产品……将合适的保险产品销售给合适的客户。"在本案例中，银行销售人员未对客户做详细了解，客户已多方购买保险，销售人员未分析客户的风险承受力，未充分考虑客户的需求、经济收入状况和续期缴费的

2. 银行代销保险,牢记依法合规

可持续性,对客户风险评估不客观。

《银行业消费者权益保护工作指引》(银监发〔2013〕38号)第二十条:"银行业金融机构应当加强产品和服务信息的披露,并在产品和服务推介过程中主动向银行业消费者真实说明产品和服务的性质、收费情况、合同主要条款等内容,禁止欺诈性、误导性宣传,提高信息真实性和透明度,合理揭示产品风险,以便银行业消费者根据相关信息做出合理判断。"在本事件中,虽回访电话记录反映客户A对客服所问的产品主要事项知晓,但客户投诉时称网点人员高息利诱、自己对所买保险产品不知情,反映出网点在向客户推介时讲解不详细,相关信息披露不全面,未告知退保和不能续交保费带来的损失程度,致使客户存在不解和误解。

此外,《银行业金融机构销售专区录音录像管理暂行规定》明确要求银行业金融机构设立销售专区,对自有理财产品及代销产品销售过程同步录音录像,完整客观地记录营销推介中相关风险和关键信息提示、消费者确认和反馈等重点销售环节,还应包括销售人员确认的所揭示的产品风险。本案例中,网点销售人员在推介产品的过程中,未严格履行专区销售和双录等管理要求,易形成纠纷,也不利于区分责任。

《国务院办公厅关于加强金融消费者权益保护工作的指导意见》中,明确提出保障金融消费者依法求偿权,对客户的投诉应履行好主体责任,提高处理质量及效率。在本案件中客户曾多次到网点提出退保,虽未声明是投诉,但客户提出了诉求,营业机构责任不严明,处理客户问题时拖延,以致形成监管投诉后才引起重视。

风险提示:银行代销保险,依法合规不可少

当前,个别银行代理保险业务不规范,引起不少投诉,不仅损害消费者权益,也影响银行的信誉。为充分维护消费者合法权益,减少代理保险

销售争议，基层营业网点需做好售前、售中、售后各环节服务工作。

（1）规范销售行为。以制度为准绳，业务人员的销售行为符合监管部门的要求。在代理销售业务中严格落实销售专区录音录像管理制度，通过加强内部监督检查、完善激励约束机制、强化责任追究等方式，确保监管要求得到贯彻落实，保持经营管理的合规化，切实履行消费者保护主体责任。

（2）充分披露信息。保险产品的信息披露是保险销售行为中最为重要的一个环节，也是保护消费者知情权的核心，要充分披露信息，提高产品和服务的信息透明度，引导金融消费者理性投资，才能有效防范交易纠纷，提升用户满意度，实现消费者与银行的互利共赢。

（3）做好风险提示。在产品销售过程中，应充分介绍购买产品可能带来的风险，销售人员在推介银行产品时，应充分了解客户的风险偏好、风险认知能力和承受能力，正确引导客户进行风险承受力的评测。全面了解客户，考虑产品的延续性不影响客户经济支出，对长期产品应考虑可持续缴费，根据客户风险适度评估标准推介适合客户的产品，维护消费者的自主选择权和财产安全。

（4）提升服务质效。加强对外服务工作监督考核，提升网点服务工作质效。加强对员工的消费者权益保护的教育，牢固树立以消费者为中心的理念，面对客户疑问应第一时间为客户寻找解决方法，以事实为依据进行处理；面对客户不满，要在制度合规、合法的前提下从有利于客户的角度思考和解决，保障金融消费者依法求偿权。

（5）加强普教宣传。通过营业窗口、外出营销、客户座谈、线上等多种渠道，采取消费者易于接受的方式，加强金融业务知识普及宣传教育，提高消费者风险防控意识、自我保护意识和辨别能力，提高低净值消费群体对基础金融知识的认知，帮助消费者全面、客观、理性地进行理财。

2. 银行代销保险，牢记依法合规

此外，消费者也需要树立正确的理财观。金融消费者在接受金融服务时，应向金融机构人员全面了解所要办理的金融产品业务内容，对自己的经济状况、风险承受力和所购买的金融理财产品要做全面考虑，不盲目、不冲动，不受任何利诱。仔细阅读产品条款和风险提示，在不清楚自己所买的金融产品时，不做任何确认签字，"买者自负"，对自己的行为负责。

3. 不能忽视"等待期"[1]

等待期制度是在健康保险中，保险人为防止"带病投保"等道德风险而制定的防御性制度，其专指各种疾病的等待期。近日，一个普通的农民家庭因为一起"等待期内身故"的诉讼案与当地的一家保险机构两次对簿公堂。此案涉诉金额虽只有10万元，却充分说明了理赔中"等待期"的重要性。

案情简介：等待期出险，法院判决不承担保险责任

4月20日，投保人G先生为自己购买了Z公司的"重大疾病保险"等保险产品，保险合同于当日生效。5月5日，G先生因病入住当地医院治疗，被诊断为"原发性肝癌""肝内转移瘤"，后于5月9日出院。5月14日，G先生入住当地另一家医院治疗，主要诊断为"原发性肝癌并肝内转移"，后于5月23日出院。之后G先生又多次住院治疗，于7月29日因病医治无效在家中死亡。

8月4日，G先生的妻子J女士向Z公司提交了保险金给付申请书。Z公司经过调查核实，被保险人在等待期内确诊恶性肿瘤，根据《重大疾病

---

[1] 本文作者：李茂涵、南海龙，就职在中意人寿保险有限公司陕西省分公司，于2020-10-29发表在中国银行保险报网。

保险》合同条款第 2.3 条等内容的约定"合同轻症疾病保险金和重大疾病保险金的等待期是指自合同生效日（或最后复效日）90 天内（含第 90 天）的期间。如果被保险人在等待期内发病或确诊患有合同第十条或第十一条约定的任意一种疾病，我们不承担保险责任，将无息向投保人退回合同及其有效的附加合同实际已交纳的保险费，同时合同效力终止"。遂做出理赔决定：保险公司不承担保险责任，并无息退回《重大疾病保险》等合同实际已交纳的保险费 3880 元，保险合同效力终止。

J 女士在收到理赔通知书后，不同意理赔结论，其认为：（1）人身保险投保提示书上信息确认自己并不清楚。（2）身故保险责任是没有等待期的。并诉求：（1）判 Z 公司支付其丈夫身故保险金 10 万元；（2）诉讼费由 Z 公司承担。

一审法院认为 Z 公司的人身保险投保提示书、电子投保信息确认单对保险条款、等待期条款的重要性作出了足以引起投保人注意的提示，且保险条款作为保险合同的组成部分，对双方均有约束力；另外法院认为根据保险条款第 2.3 和第 2.4 条，可知在"轻症疾病保险金和重大疾病保险金的等待期"内被保人确诊重大疾病的，保险人免除包括"轻症疾病保险金""重大疾病保险金""身故保险金""豁免保险费"在内的保险责任。因此根据相关保险法的规定驳回 J 女士的诉讼请求。

J 女士不服一审判决，进行上诉，二审法院对一审法院认定的事实属实予以确认，认为一审判决认定事实清楚，适用法律正确，依照《中华人民共和国民事诉讼法》第一百七十条第一款第一项规定驳回上诉，维持原判。

争议焦点：是否明确告知免除责任条款、等待期出险应否理赔

本案争议焦点有二：一是保险公司是否明确告知免除责任条款；二是

被保险人等待期出险，保险公司应否理赔。

争议焦点一：根据《中华人民共和国保险法》第十七条的规定："订立保险合同，采用保险人提供的格式条款的，保险人向投保人提供的投保单应当附格式条款，保险人应当向投保人说明合同的内容。对保险合同中免除保险人责任的条款，保险人在订立合同时应当在投保单、保险单或者其他保险凭证上作出足以引起投保人注意的提示，并对该条款的内容以书面或者口头形式向投保人作出明确说明；未作提示或者明确说明的，该条款不产生效力。"

根据《最高人民法院关于适用〈中华人民共和国保险法〉若干问题的解释（二）》第十一条的规定："保险合同订立时，保险人在投保单或者保险单等其他保险凭证上，对保险合同中免除保险人责任的条款，以足以引起投保人注意的文字、字体、符号或者其他明显标志作出提示的，人民法院应当认定其履行了保险法第十七条第二款规定的提示义务。"第十三条，保险人对其履行了明确说明义务负举证责任。

J女士称Z公司未出示保险条款的陈述，法院不予采信，因在订立合同时Z公司作出如下一系列足以引起投保人注意的提示及说明。

1.《人身投保提示书》第三条黑体加粗列示"请您详细了解保险合同的条款内容"，并解释如下："请您认真阅读条款内容，重点关注保险责任、责任免除、投保人及被保险人权利和义务……您若对条款内容有疑问，可以要求销售人员进行解释。"

2.《电子投保信息确认单》第一部分"投保须知"载明："为了维护您的合法权益，请在投保之前认真阅读并签署人身保险投保提示书，认真阅读保险条款，并确认已了解保险条款的各项内容（注意保险责任、免除保险人责任的条款、保险责任是否有等待期、免赔额、犹豫期、退保等关键信息）"且加黑加粗。最后一部分"投保人及所有被保险人声明与授权"第一条载明"本人在决定投保之前已收到并认真阅读了保险产品条款的各项内容,产品说明书、投保提示书、偿付能力披露信息、投资风险评估问卷(投资连结保险适用),对以上内容了解并同意遵守。相关保险营销员已对保险条款进行了解释说明。本人已明确本保险条款中的保险责任、保险责任是否有等待期、免赔额、费用扣除情况、责任免除、犹豫期、退保条款、理赔申请程序及理赔要求等的含义"。

3.《重大疾病保险条款》首页的"阅读提示",第二部分黑体加粗,且以箭头和菱形标的方式,列明"您应当特别注意的事项"第一款"等待期内我们不承担保险责任"。

争议焦点二:被保险人在等待期内发病是否免除被保险人赔偿身故保险金的责任。

人身保险投保提示书、电子投保信息确认单对保险条款、等待期条款的重要性作出了足以引起投保人注意的提示,且保险条款作为保险合同的组成部分,对双方均具有约束力。保险条款的阅读提示及条款主文部分均对等待期内发病免责作出了足以引起投保人注意的提示,其中条款第2.3条对等待期的定义及责任免除用两段内容分别作出了说明。在第一段等待期的定义内容部分,虽然表述为"本合同轻症疾病保险金和重大疾病保险金的等待期是指……",但"轻症疾病保险金和重大疾病保险金",从文义上看仅是"等待期"的前置定语,并未有免除保险责任的意思表示。在第二段等待期免责部分,则明确说明了被保险人在等待期内确诊患有重大疾病的,保险人免除保险责任,根据第2.4条保险责任的定义,保险责任包括"轻症疾病保险金""重大疾病保险金""身故保险金""豁免保险费"四种责任。因此,上述条款内容明确具体、并无歧义,且常人能够理解,即在"轻症疾病保险金和重大疾病保险金的等待期"内被保险人确诊重大疾病的,保险人免除包括"轻症疾病保险金""重大疾病保险金""身故保险金""豁免保险费"在内的保险责任。

等待期制度是在健康保险中,保险人为防止"带病投保"等道德风险而制定的防御性制度,其专指各种疾病的等待期,这也与条款的文义相符。本案中,被保险人在 90 天的等待期内被确诊患有恶性肿瘤,符合合同约定的免责情形,不应承担包括给付"身故保险金"在内的保险责任。

风险提示:认真阅读条款,切记如实告知

保险姓保,很多人在健康时不会想到要买保险,但等身体出了问题,却又发现保险还是很重要的。在此,提醒广大消费者购买保险时切记履行如实告知义务,隐瞒病情、带病投保不能带来预想中的保障,还可能导致无法理赔。消费者在购买保险产品时,要认真阅读保险合同条款、人身投保提示书、电子投保信息确认单。避免事故发生后给理赔带来不必要的麻烦,甚至法律纠纷。保险公司也要进一步完善条款,尽量避免合同条款出现不同理解,前后内涵保持一致,从根源上减少纷争。

4. 索赔走捷径，可能惹麻烦[①]

根据《中华人民共和国保险法》第二十七条："未发生保险事故，被保险人或者受益人谎称发生了保险事故，向保险人提出赔偿或者给付保险金请求的，保险人有权解除合同，并不退还保险费。投保人、被保险人故意制造保险事故的，保险人有权解除合同，不承担赔偿或者给付保险金的责任；除本法第四十三条规定外，不退还保险费。保险事故发生后，投保人、被保险人或者受益人以伪造、变造的有关证明、资料或者其他证据，编造虚假的事故原因或者夸大损失程度的，保险人对其虚报的部分不承担赔偿或者给付保险金的责任。投保人、被保险人或者受益人有前三款规定行为之一，致使保险人支付保险金或者支出费用的，应当退回或者赔偿。"老司机上路，一不小心也会发生交通事故，但保险理赔需正规处理，杜绝"找关系""找门路"，保护自身合法权益，索赔不走弯路。

案情：事故处理欲走捷径

2020年9月11日中午12时许，李先生驾驶的江淮小轿车在杨凌区杨扶路某段黄线调头时，昝先生驾驶的三轮车由于车速过快，避让不及李先

[①] 本文作者：陈鹏涛，就职在中国太平洋财产保险股份有限公司陕西分公司，于2020-11-03发表在中国银行保险报网。

生的江淮小轿车，撞到路边停放的丰田小轿车，致使三轮车上一死四伤，且三轮车、丰田小轿车严重受损，造成重大交通事故。事故发生后李先生认为自己未与三轮车发生直接碰撞，该起事故应该与自己无关，随即驾车离开现场。

经事发地交警队现场调查核实，了解到事故起因为李先生违规调头时造成该起事故的发生。办案民警联系到李先生，将其约见至交警队协助调查。李先生解释道："虽然本次事故中造成了人员死亡，但是我驾驶的车辆未与事故车辆发生直接接触，故离开事故现场。"交警部门鉴定认定为其行为为肇事逃逸，因事发原因是李先生驾车在调头过程中引发本次事故，负事故全部责任，而且事故中致人死亡很有可能需要承担相应的法律责任。

正当李先生一筹莫展之际，其一位朋友联系到李先生称其在交警队有关系，可以找关系修改责任比例，同时只要李先生肯出钱取得家属的谅解即可以免去法律追责，事后只需要给找的熟人掏点好处费，再请客吃饭就能大事化小，小事化了。

观点分歧：是否听从专业意见

李先生初期对自己朋友的关心及好意心存感激并存在侥幸心理，希望其能全力帮忙处理，处理结束后一定给予"感谢"。但后期慢慢冷静思考后李先生积极联系到保险公司，并将案件情况及朋友的建议反馈给保险公司工作人员。保险公司工作人员了解到相关情况后，积极为李先生启动了理赔服务流程，并赶赴处理该起事故的交警队了解案件情况，将李先生朋友所说情况反馈给交警部门。处理事故的交警对事故做了说明：该案件属于重大交通事故，这种事故交警队有规范的处理流程，不是谁去活动或者打招呼就能更改责任的，而且事故正在勘验鉴定中。

保险公司工作人员向李先生讲解了事故处理的流程及相关法律法规，

在得到保险公司、交警队的建议后李先生回绝了朋友所谓的"帮忙"并表示将承担起自己应该承担的责任，放弃寻求"关系""走后门"的处理方式。经过数日的等待后，鉴定报告明确了本次事故中昝先生驾驶的三轮车因速度过快避让不及为本次事故的主要原因，而李先生车辆调头为本次事故的次要原因。2020年10月12日交警队已出具交通事故责任认定书。得知此结果后，李先生非常激动，对保险公司、交警队的认真负责表示感谢，对其"朋友"所谓的"走后门"仍然心有余悸，如果当时听"朋友"的建议将承担巨额的赔付款，同时自己内心将承受巨大的谴责及压力。

风险提示：运用保险规避风险

消费者在事故发生后，由于对相关法律法规不够了解，也没有处理交通事故的经验，加上客户在事故发生后心理状态的变化，常常会主动寻求外部关系的协助，而在这种外力的"协助"下经常导致事故处理流程、性质发生变化，往往会使结果适得其反，造成消费者自身不必要的财力、人力损失。

在此提醒广大保险消费者，在发生交通事故后交由保险公司处理，保障自身合法权益：

一是在处理保险事故时，一定在第一时间向保险公司报案；

二是保留好现场及相关证据材料；

三是有疑问时主动咨询保险公司工作人员或官方客服；

四是切勿轻信他人不正确的建议或以非常规的手段处理事故。

5. "代理退保"花样多，防范风险不放松[①]

2020年4月9日，中国银保监会发布了《关于防范"代理退保"有关风险的提示》，7月8日中国保险行业协会（以下简称"中保协"）发布了《中国保险行业协会提示防范"代理退保"有关风险》。据不完全统计，监管部门发布的风险提示超过了50次，这些风险提示的背后，是"代理退保"产业链已成保险业毒瘤，严重扰乱保险业的正常经营秩序，损害了保险消费者的合法权益，同时也让消费者陷入诈骗旋涡。

案情：陌生短信诱导"代理退保"

消费者李某为某保险公司的客户，2020年5月，李某收到陌生号码发送的"保单综合售后服务"的预约短信，告知李某所购买的某保险公司产品存在利益损失，建议消费者近日携带本人保单前往其办公点进行售后服务。李某当即拨通了短信中的联系电话，对方介绍他们是保单服务人员，由于李某购买的保单收益太低，他们可以为客户提供收益更高的产品。李

[①] 本文作者：张龙，就职在交银康联人寿保险有限公司陕西省分公司，于2020-11-05发表在中国银行保险报网。

5. "代理退保"花样多,防范风险不放松

某了解情况后,第一时间联系了保险公司,对保单服务信息进行核实。

某保险公司接到消费者反馈的情况后,发现该营业地址和公司服务网点不符,保单服务信息不真实,建议消费者提高警惕,避免上当受骗。同时,工作人员向消费者解释了其购买的保险产品的保险责任和权益,让消费者放心持有保单。为进一步核实情况,保证客户的权益和信息安全,公司组织人员前往短信中的营业地址进行现场调查。通过现场调查了解,发现该公司是一家证照不全的保险代理公司,主要通过诱导消费者办理退保业务,随后让消费者购买其公司销售的产品为目的,赚取佣金。所采用的流程如下:

首先,采用拨打电话或发短信的方式对已购买了保险合同的消费者进行服务约访,要求消费者携带保单前往其办公地点。其次,相关人员会对消费者携带的保单进行"专业"的分析,让消费者明白该保单存在"明显欺诈"行为,通过贬低其他保险公司的保险产品,指出相关保险产品存在利益损失,怂恿不明真相的消费者退保,并承诺客户退保后可以与其公司签署一份"高收益"的合同,诱导消费者"退旧投新",以赚取佣金。最后,在了解到对方的套路后,保险公司服务人员再次联系消费者,告知了消费者对方所使用的"代理退保"套路和此类案件的风险,消费者对保险公司认真负责的服务表示认可。

为预防此类侵害保险消费者权益的情况发生,保护保险消费者的信息安全,某保险公司在内部进行了风险警示与案件通报,组织人员对部分消费者进行随机的电话回访。通过信息收集和电话回访,未发现有其他消费者收到和接到类似短信和电话的情况。

"代理退保"风险大

本案是"代理退保"的一个缩影。此类案件是一些个人或社会团体以

非法牟利为目的，通过网络平台、电话、短信等方式发布"可办理全额退保"或"保单售后服务"等信息，通过怂恿、诱导等手段让消费者委托其代理"全额退保"或"退旧投新"，并以此收取消费者高额手续费和佣金，更有甚者以消费者名义向监管部门进行投诉，甚至诱导消费者伪造证据材料，实施"代理退保"。

中国银保监会及中保协均表示"代理退保"此类行为不仅扰乱保险市场正常经营秩序，最终也将损害到保险消费者的合法权益。并多次对消费者发出提醒，警惕"代理退保"的风险隐患，根据自身需求谨慎办理退保，依法理性维护自身合法权益不受侵害，加强风险的全面识别与防范。

"代理退保"有多种形式

中国银保监会和中保协提到，"代理退保"至少有以下三种形式。

（1）一些从事"代理退保"的个人或团体冒充监管部门工作人员或保险公司人员以"与监管部门合作""有内部资源"等名义，通过电话、微信、网络等方式进行虚假宣传。

（2）谎称消费者所购保险产品"存在欺诈行为，已有多名消费者投诉"或"继续持有保单将蒙受经济损失"等，怂恿不明真相的消费者退保，甚至诱导消费者退旧投新，以赚取佣金。

（3）谎称可以协助消费者"全额退保"，诱导投保人签署包含不平等条款的代理服务协议，缴纳高额定金或签订高额欠款协议，提供身份证、银行卡、保单、电话号码等涉及消费者隐私的敏感信息。除"代理退保"外，有的组织还从事信用卡套现、小额贷款业务，消费者个人信息资料存在较高的被泄露或被不法分子恶意使用的风险。有的组织甚至在消费者想终止"代理退保"协议时，采用极端手段骚扰消费者，迫使其再次投诉。

5. "代理退保"花样多,防范风险不放松

防范"代理退保"的风险

中国银保监会和中保协表示"代理退保"行为隐藏以下几种风险。

(1)失去正常保险保障风险

"代理退保"个人或机构为牟取私利极力怂恿消费者退保,却避而不谈退保可能导致的后果和风险。消费者退保后丧失了风险保障,未来再次投保时,由于年龄、健康状况的变化,可能将面临重新计算等待期、保费上涨甚至被拒保的风险。

(2)资金受损或遭受诈骗风险

很可能被不法分子恶意利用其所掌握的消费者银行卡及身份证复印件等,截留侵占消费者退保资金,甚至有不法团伙诱导消费者参与非法集资,一旦落入骗局,消费者资金损失难以挽回。

(3)个人信息泄露风险

"代理退保"个人或机构要求消费者提供身份证、户口簿、收入证明、保单、银行卡、联系方式、家庭住址、工作单位等敏感隐私信息,存在信息泄露的严重风险隐患。很可能被不法分子恶意使用进行诈骗、洗钱、非法集资等违法违规活动,甚至在消费者不知情情况下办理网络借贷,使消费者蒙受各种未知损失。

在此提醒广大保险消费者要理性退保,保障自身合法权益不受侵害:

一是充分考虑自身保险需求,谨慎办理退保;

二是注意保护个人重要信息;

三是在购买金融产品或享受服务过程中发生纠纷的,可以通过正规渠道直接向金融机构进行投诉,主张民事权益,依法合理维权。

6. 延迟一天的报案[①]

保险虚假案件指的是，通过编造或隐瞒事故真相、扩大保险损失等方式诈骗保险金。保险公司打假的对象主要是，针对虚构保险标的、保险事故或者制造保险事故并向保险公司骗取保险金的虚假报案行为。保险公司防范保险诈骗，尤其是理赔专项打假，是维护市场秩序、保护广大消费者合法权益不受损失的一项重点工作。

案情简介：客户延迟报案，车辆受损严重

20××年4月25日18时，A保险公司接到被保险人张某某（客户）的报案，客户称其所有的森林人越野车于20××年4月24日14时，由其驾驶，在陕西省宝鸡市××区某地带，由于注意力不集中，在拐弯过程中不慎撞到绿化带，车辆严重受损，同时，道路旁公共财产也遭受一定损失。

由于客户在事发后一天才向保险公司报案，而不是当时报案，因此公司理赔人员先后实地对标的车辆事故以及现场进行复勘查验，按照规定流程，排查相关风险。出于理赔人员的职业习惯以及长时间积累的经验，在复勘了现场、比对查验标的车辆损失后发现该车水箱损坏，却不符合正常

[①] 本文作者：王泽武，就职在中国大地财产保险股份有限公司陕西分公司，于2020-11-10发表在中国银行保险报网。

事故现场情况。于是，公司理赔人员和报案人员（驾驶员）做了详细的笔录，一一问询事故发生的各个环节。

查勘疑点：现场情况和问询客户都发现重重问题

经过现场查勘情况和对报案人张某某一系列逻辑严密的问询，保险公司理赔人员敏锐察觉、发现了案件存在诸多疑点：

（1）受损车辆的损坏程度与现场碰撞程度不符；

（2）延迟报案，距离实际出险时间相差超24小时，高风险；

（3）客户笔录问询时对事故成因描述模糊。

随后，保险公司理赔人员多次约谈客户，和客户深入沟通案件情况，同时耐心地告知客户保险诈骗可能会带来的后果，为其分析利弊，设身处地为客户考虑。最终，报案客户承认其酒驾导致事故发生的事实，放弃索赔，并致电客服电话自行销案处理，公司减少了可能的赔付金额约8万元。

案件启示：打假是为了更好地保护客户权益、保护更广大的客户利益

这样的打假案例，一方面预防和遏制了保险欺诈等类似犯罪行为发生，另一方面也是出于保护客户的角度——也许暂时的经济利益能弥补物质上的损失，但因此涉及犯罪，要面临的就应该是更为严重的后果，如果是马马虎虎，给予了客户所谓的赔付，客户因此抱有更大的侥幸，导致更严重的事情发生，势必会对客户权益造成更大的危害。今天的纵容换来的必将是明天的惩罚，因此，做好案件打假就是为了更好地保护客户权益、为了保护更广大消费者的利益。

风险提示：收集证据、主动协商，做"有温度"的理赔

通过这一真实发生的案例，笔者对如何防范和查清虚假保险案件做以下几点提示。

（1）做好证据收集。案件发生后一定结合案件实际情况具体分析，不可一概而论，了解整个案件的具体情况，做好案件相关证据的收集。

（2）理赔过程中要主动出击。高风险案件应根据案情发展及时进行跟踪落实，核实疑点。同时，也要站在客户的角度，切实为其考虑，抓住客户的真正需求，让案件可以合理解决，让客户能欣然接受处理意见。

（3）注重经验积累。打假案例是经验的积累。理赔人员的处理方式很大程度上决定了整个案件的走向，真诚的态度、恰当的说理更是促成客户放弃不当索赔的决定性因素。

（4）做到"有温度"的理赔。和客户沟通时，要转换角色，在处理案件时代表自己、更要代表公司对每个报案的客户表示关心，做到"有温度"的理赔，让客户下次仍然可以放心选择。

7. "投保时隐瞒既往病情"不可行[①]

近年来,保险行业呈蓬勃之势迅速发展,大众的保险意识在不断增强,越来越多的客户选择购买保险产品为自己增强保障、抵御风险。但若投保时隐瞒既往病情,依据法律规定,理赔可能就真的难了。本案就是一起真实发生的案例。

案情:投保时已患病但未告知,保险公司拒赔

X女士是F人寿保险公司的老客户,2019年6月曾投保F人寿医无忧医疗保险(增强版)月缴保险产品,在保险合同生效的一个月后,X女士放弃继续缴纳保费,导致保险合同于2019年9月失效。

2020年5月5日,在F人寿日常进行的失效客户回访工作中,F人寿的保单服务人员再次与X女士取得了联系,X女士在电话中表示,自己在多番了解后,认为医无忧医疗保险(增强版)是一款不错的产品,仍希望再次投保,于是保单服务人员再次为X女士详细讲解了产品的条款,并在指导X女士阅读《人身保险投保提示书》及《保险款项自动转账授权书》后,安排X女士操作线上投保。X女士在投保过程中填写健康资料时,未告知

[①] 本文作者:宋妍洁,就职在北大方正人寿保险有限公司陕西分公司,于2020-11-24发表在中国银行保险报网。

自己当前或曾经存在健康状况异常的情况，在提交投保资料后，F人寿当天以标准体承保该张保单。

2020年7月，X女士电话联系F人寿，称自己目前已罹患重大疾病，要求F人寿为其提供保险合同附加的住院医疗费用垫付服务，同时申请理赔。F人寿得知案情后，第一时间安排相关服务人员上门收取理赔资料。在核对理赔资料的过程中，F人寿发现，X女士于5月19日已入院治疗，且入院记录中明确记载，X女士入院当天，已发现乳房包块1月有余，并出现针刺样疼痛，此后于5月25日确诊为乳腺浸润性癌，以上种种情况皆表明该客户在投保时疑似未如实告知，基于以上情况，F人寿立即安排理赔调查人员前往医院进行核实，确认入院记录记载的病史及诊断皆无误。

依据F人寿医无忧医疗保险（增强版）保险条款第七条责任免除中第十一项的约定，被保险人生效前已患疾病为责任免除事项，而X女士投保前已存在"乳房包块"，投保时未向公司如实告知，严重影响了公司的承保决定。根据《中华人民共和国保险法》第十六条关于"明确说明与如实告知"的约定，F人寿决定解除该保险合同，并对于解除前述合同前发生的保险事故，不承担赔偿责任。

案情分析：如实告知是投保人遵守最大诚信原则的体现，亦是法律的规定

在该案件中，客户所投保的医无忧医疗保险（增强版）是一款百万医疗类产品，根据该保险公司的投保流程，在投保环节中，需告知被保险人当前及既往健康状况，其中告知事项中第四条第一项曾询问"是否曾有恶性肿瘤（包括癌症）、肿块、囊肿、息肉等症状，或曾被告知患有上述疾病或因此接受治疗"，以及告知事项中第五条曾询问"被保险人目前是否存在胸闷、胸痛等症状和体征"，本案客户在填写投保时否认存在上述症状，也

未将自己已患病的情况告知保单服务人员及保险公司，导致该保险公司在基于客户健康告知无异常的情况下，以标准体承保该保单。但随后理赔过程中的阳性证据表明，在投保前，客户已出现相关疾病症状并伴有身体不适，但未向保险公司如实告知，依据保险法相关规定，由于其既往病史足以影响保险公司决定是否同意承保或者提高保险费率的，保险公司将依法解除该保险合同。

《中华人民共和国保险法》第十六条第一款规定：订立保险合同，保险人就保险标的或者被保险人的有关情况提出询问的，投保人应如实告知。

法律条文中区分了三种不同情况的处理原则：

（1）投保人故意或者因重大过失未履行前款规定的如实告知义务，足以影响保险公司决定是否同意承保或者提高保险费率的，保险公司有权解除合同。

（2）投保人故意不履行如实告知义务，保险公司对于合同解除前发生的保险事故，不承担赔偿或者给付保险金的责任，并不退还保险费。

（3）投保人因重大过失没能履行如实告知义务，对保险事故的发生有严重影响的，保险公司对解除合同前发生的保险事故，不承担赔偿或给付保险金的责任，但应当退还保险费。

保险合同作为投保人与保险人基于合意、自愿达成的合同，对合同的履行应秉承契约精神和最大诚信原则，本案中被保险人在已患病的情况下，违背条款约定及相关法律法规约定，违反如实告知义务，使合同一方即保险公司做出承保结论，致使其所承担的风险超过合同约定的风险范围。

在该案件审核过程中，根据病历资料展现的内容已充分表明，该客户属于故意不履行如实告知义务，根据保险法的相关规定，保险公司对于合同解除前发生的保险事故，本不应承担赔偿或者给付保险金的责任，并不退还保险费。但鉴于客户的情况特殊，目前病情严重，出于人道主义关怀考虑，保险公司酌情退还了客户所交保费。

风险提示：如实告知很重要，权利义务要对等

通过上述案例可以清楚地看到，依据法律规定，投保人如果不如实告知既往病史，保险公司是可以根据实际情况，按照保险法及保险合同条款直接解除保险合同的，被保险人不仅无法获得保障，甚至还有可能损失已交的保费。在此温馨提示每一位消费者，在投保人身险产品时，一定要遵循最大诚信原则，认真填写投保单，如实告知健康状况，明明白白消费，享受优质服务，勿存侥幸心理，避免为理赔留下隐患。

此外，保险公司销售人员在进行保险销售的同时，也要充分向客户说明情况，告知责任免除范围，尤其是重点说明不履行如实告知义务的后果，尽量从前端防范和控制风险、纠纷的产生。